砂糖ゼロでもおいしい！

糖質オフの
幸せスイーツ

一般社団法人 糖質オフスタイル協会 代表理事
安田洋子

みらい PUB LISH ING

はじめに

　このレシピ本は、「ダイエット中でも甘いものを楽しみたい」「お腹周りが気になるけれどパンを食べたい」「罪悪感なく食べられるスイーツやパンがあればいいのに」というお客様からの切実な声にお応えするために制作いたしました。

　あなたや、あなたの大切な方が、甘いものを楽しみながら、若々しく元気なライフスタイルを手に入れていただけることを願って、一般社団法人 糖質オフスタイル協会〈以下、(一社) 糖質オフスタイル協会〉の認定講師6名とともに自慢のレシピを持ち寄り、わかりやすく解説しています。

　現在、料理レッスン歴30年の私は、7年前に「糖質オフ」と出会いました。当時はまだ「糖質オフ＝おいしくない」というイメージが先行していた頃です。

　そこで、おいしさと糖質オフの両立に徹底的にこだわり、試行錯誤と試食を重ねた結果、私は自分自身の洋服のサイズが11号から7号にサイズダウンするという予期せぬダイエットに成功していました。50代を迎え、体型を気にし始めていた私にとって、驚くべきことでした。

　その後、私のレシピによって友人や知人の体型や体調にも良い効果があらわれたことに確信を得て、おいしさと糖質オフにこだわった私のレシピを「多くの方に伝えたい」と考え、(一社) 糖質オフスタイル協会を設立。これまでに、3000名以上の方に糖質オフを学んでいただき、多くの認定講師も輩出してまいりました。

　糖質オフスイーツが、みなさまに食べることの幸せと若々しく元気であり続けられる身体づくりのきっかけになりましたら、幸いです。

一般社団法人 糖質オフスタイル協会 代表理事
安田洋子

Contents

※スイーツ作りで使用した型や道具の紹介、
説明は P136-137 をご参照ください。

脳に幸福感をもたらし、身体にも良い
糖質オフの基礎知識

■糖質オフがなぜ身体に良いのか？

　糖質オフには、健康的なメリットが2つと、美容的なメリット1つの合計3つがあります。

1. 健康的なメリットその1・痩せやすくなる

　糖質オフで身体に入ってくる糖質を減らすことで、体内の脂肪が燃焼し、痩せやすくなります。

　人間の身体にはタンパク質・糖質・脂質の3大栄養素がとても大切で、タンパク質は筋肉や細胞など身体を作るのに使われ、糖質と脂質は身体を動かす活動のエネルギーになります。そして、活動のエネルギーを作るとき、通常は糖質→脂質の順番に使われるのですが、糖質オフによって糖質が少ししか身体に入ってこないと、体内では代わりの活動のエネルギーとして、脂質が使われます。身体に蓄積された脂肪を分解してケトン体を作り出し、それが活動のエネルギーになるのです。

　これが、適度な「糖質オフ」が、脂肪の燃焼につながる理由です。

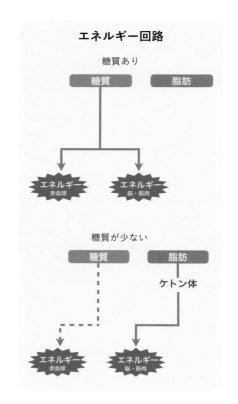

2. 健康的なメリットその2・太りにくくなる

　人間の身体は糖質を食べて腸から吸収されると、血糖値が上がり、インスリンというホルモンが分泌されます。インスリンは糖を身体に取り入れるために必要不可欠なものですが、糖が多すぎると血糖値が急激に上昇し、インスリンも多く分泌され、脂肪を身体に溜め込んで太る原因になります。

　そのため、（一社）糖質オフスタイル協会のレシピでは、血糖値の緩やかな上昇で、インスリンの分泌量が適量になることも考慮しています。

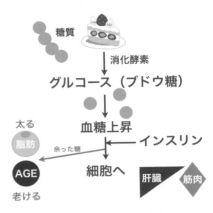

糖吸収のメカニズム

3. 美容的なメリットその1・細胞の老化が防げる

　糖には、タンパク質と結びつきやすい性質があり、これを「メイラード反応」といいます。ホットケーキの焦げ色などもその一つで、これと同じことが、体内で余った糖でも起きるのです。体内で糖とタンパク質が結びつくと、AGE（終末糖化産物）と呼ばれ、細胞を老化させたり、肌のハリを失わせたり、くすみの原因となります。

　糖質オフによってAGEの生成を防ぎ、老化も防ぐといわれています。

■糖質オフの豆知識・カロリー制限によるダイエットとの違い

　長年使われてきた「ダイエット」という言葉。食べる量やカロリーを減らして、食べたいものを我慢し、空腹感に耐えるというイメージをおもちの方も多いのではないでしょうか？　そして、カロリー計算が面倒になったり、カロリーが低いものばかりを食べ続けたりして、いつの間にか挫折してしまうのです。

　当協会が推奨している「糖質オフ」は、極端な食事制限をせずに、おいしく食べながら、太りにくく、痩せやすい身体を作る方法です。この点がカロリー制限によるダイエットとの大きな違いです。

　次のページで、スイーツメニューのカロリーと糖質量の違いを比べてみましょう。

ヘルシーなのは
どちら?

【スイーツ糖質量対決】

チョコレートケーキ（1個 110g）　VS.　**ぜんざい**（1杯 280g）

499kcal　カロリー　281kcal

50.8g　糖質量　59.1g

フルーツゼリー（1個 80g）　VS.　**コーヒーゼリー**（1個 85g）

56kcal　カロリー　47kcal

12.1g　糖質量　7.8g

オレンジジュース（1杯 200ml）　VS.　**ココア**（1杯 150ml）

84kcal　カロリー　100kcal

23.6g　糖質量　10.7g

ブルーベリージャム（大さじ1）　VS.　**ピーナッツバター**（大さじ1）

38kcal　カロリー　109kcal

8.3g　糖質量　2.5g

　いかがでしたか？　和菓子やフルーツは、洋菓子と比べるとカロリーも控えめでヘルシーなイメージが強いですが、糖質量で比較してみると、かなり多いことがわかりますね。

　糖質オフの実践では、カロリーを基準とした思い込みをはずして、糖質量を意識していくことからスタートしてみてください。

※食品の糖質量は『食品別糖質量ハンドブック』（洋泉社）より。コンビニのスイーツなどには食品表示がされています。糖質量が書かれていない場合は、炭水化物－食物繊維＝糖質です。

スイーツの魅力、それはなんといっても食べて幸せを感じられること。甘いものを食べて、ストレスを解消するという方もいらっしゃることでしょう。いままでは、糖が脳内の快楽物質エンドルフィンを増やし、幸福感をもたらすと考えられてきました。ところが、最近の研究では舌が甘みを感じられれば、砂糖でも糖質オフの甘味料でもストレスが解消される、ということが明らかになったのです。

ポイント1

おやつの糖質量は10g以下を目標に

（一社）糖質オフスタイル協会では、1日の糖質量は130g以下を目標にしています。その内訳は、3食×40g＋スイーツ10gです。しかし、左ページの糖質量対決でもわかるように、通常のスイーツは糖質量が低いものでも20g、多いものでは60gも含まれています。この原因は、スイーツの材料として使われる砂糖と小麦粉で、砂糖（上白糖）は15gのうち14.9g、小麦粉（薄力粉）は15gのうち11gが糖質だからです。

この本のレシピでは、粉と甘味料を低糖質のものに変更し、スイーツ1つあたりの糖質量を10g前後を目標にして、おいしく満足感のあるスイーツを実現しました。おやつで糖質を摂りすぎてしまったときには、食事で調整するなど、柔軟に対応してくださいね。

ポイント2

おやつの脂質は気にしすぎないでOK

カロリーで考えてきた方は、糖質（1gあたり4キロカロリー）よりも脂質（1gあたり9キロカロリー）を気にしがちです。しかし、脂質を摂っても血糖値は急激に上がらず、肥満の原因となるインスリンはほとんど分泌されません。また、脂質には満腹効果もあり、適量を摂ることで食べ過ぎ防止にもなります。

ですから、適量のクリームやバターは気にせず食べて、肥満の原因となるインスリンを分泌する「糖質を抑えること」を心がけてください。

本書で使用した基本の材料

　本書では、主に砂糖と同じ分量で手軽に代用できる、「ラカントS」（カロリーゼロの甘味料）を使用しています。ラカントSは焙煎した羅漢果エキスを使用しているため、薄い茶色で、顆粒タイプと液体タイプがあります。顆粒タイプは結晶化することがあるため、たくさん使用する場合には、液体タイプを併用します。また、白く仕上げたいお菓子には、色や雑味を取り除いた「ラカントホワイト」を使用しています。「あまみちゃん」は、同じく羅漢果を原料とした天然由来の甘味料で、冷えても再結晶しないため、カラメルやジャムに使えます（あまみちゃんHP（https：//amamichan.com/)」から購入可能）。

　なおラカントSには、独特の風味があるので、後味を良くするために、「マービー」を併用しています。マービーは、トウモロコシなどのでんぷんから作られた還元麦芽糖で、砂糖の約50%のカロリーと80%のやさしい甘味が特徴です。

ラカント　　　　　　　　　　あまみちゃん　　　マービー

①ラカントS　②ラカントS　③ラカント　　④あまみちゃん　⑤低カロリー
　　　　　　　シロップ　　ホワイト　　　　　　　　　　　　粉末甘味料

　バターの使用量を抑えるため、太白胡麻油を使います。ごまを焙煎せずに加工して作られる透明なごま油のため、ごま油独特の香りがなく、バターよりも軽い仕上がりになり、お菓子作りにもよく使われています。

⑥太白胡麻油

　小麦粉（薄力粉、強力粉）は糖質量が多いため、できるだけ控えました。代用には、糖質量の少ないアーモンドパウダー、大豆粉、シードミックス、ココナッツミルクパウダーを使っています。

　おからを乾燥させたおからパウダーは、ふんわり仕上がるのでケーキやお菓子に適し、パンなど生地をしっとりさせたいときには粒子の細かい微粒子タイプがおすすめです。

　また、株式会社富澤商店の「低糖質お菓子用ミックス」や「ふすまパンミックス」は100gの糖質がわずか11gのため、手軽においしい低糖質のお菓子やパンが作れます。マルコメ株式会社の「糖質50％オフのスイーツ粉」は発酵のレシピで使用しました。

　オオバコ属の植物の種皮を粉末にした「サイリウム」は、成分の90％が食物繊維で、水に溶かすと約30〜40倍に膨らみ、ゼリー状に変化するため、もっちり感を出すのに適しています。

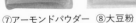

⑦アーモンドパウダー　⑧大豆粉　⑨おからパウダー　⑩おからパウダー（微粒）　⑭シードミックス

⑪低糖質お菓子用ミックス（左）
⑫ふすまパンミックス（右）　⑬糖質50％オフのスイーツ粉　⑮サイリウム　⑯チャオコー ココナッツミルクパウダー

①②③サラヤ株式会社　④ FONTEC R&D 株式会社　⑤株式会社ハーバー研究所　⑥⑦⑩⑪⑫⑭株式会社富澤商店　⑧⑬マルコメ株式会社　⑨さとの雪食品株式会社　⑮やさしき京都館　⑯カルディコーヒーファーム

1

糖質オフ × スポンジケーキ

みんな大好きスポンジケーキ。
さわやかな甘さの生クリームが
おいしいデコレーションケーキから
ドイツのチョコレートケーキまで、
定番のケーキを糖質オフでどうぞ。

奇跡の黄金比率

低糖質お菓子用ミックス：大豆粉：薄力粉
＝

　糖質オフスイーツの材料には、小麦粉の代用として大豆粉や乾燥おからを使います。とはいえ、大豆粉の独特の香りが、スイーツのおいしさや風味を損ねたり、乾燥おからではスポンジの口溶けが悪かったり、どちらも全量を代用するのは厳しい状況でした。

　しかし、試行錯誤を重ねる中で、小麦粉をすべてカットするのではなく、減らして配合していくという方法にたどり着いたのです。

　いくつものパターンを試した結果、低糖質お菓子用ミックスと大豆粉、薄力粉を１：１：１で配合したものを食べたときに初めて、「薄力粉で作ったケーキのクオリティーに近づけた！」とスタッフ一同が感動！　この配合で、次々と他のケーキも試作し、確信を得ることができました。

　ただし、生地が乾燥しやすいという弱点があるため、レシピを作る段階でシロップをしっかりしみこませるという対策をしています。

　みなさんもぜひ、「糖質オフとは思えないほどおいしい！」を実感してください。

生クリームと相性がいい♡

とっておきのスポンジケーキ

糖質オフとは思えない口溶けのよい生地に仕上がりました。

スポンジ生地の作り方

材料 （15cmケーキ型1台分）

スポンジケーキ

A ┌ 卵黄······························ 2個
  └ ラカントSシロップ ············ 20g
牛乳······························ 大さじ1
太白胡麻油························ 大さじ1
B ┌ 大豆粉························ 20g
  │ 薄力粉························ 20g
  └ 低糖質お菓子用ミックス······ 20g
C ┌ 卵白······························ 2個
  └ ラカントS······················ 40g

準備

・オーブンは、160℃に予熱しておく。
・ケーキ型の底と回りにクッキングシートを敷いておく。

ポイント

・卵白を冷蔵庫で冷やしていたほうがより泡立つので、ギリギリまで冷蔵庫に入れておくこと。

作り方

1 Cをボウルに入れ、ハンドミキサーでかためのメレンゲを作る。

2 Aを別のボウルに入れ、ハンドミキサーでもったりするまで泡立てる。

3 牛乳と太白胡麻油を入れ、同様に混ぜる。

4 さらに3にメレンゲの1/4を入れ、泡立て器で混ぜ、それを1のメレンゲに戻し、ゴムべらで混ぜる。

5 Bをふるい入れ、ゴムべらで切るように混ぜ合わせる。

6 ケーキ型に5の生地を流し入れ、ゴムべらで表面をならし、型を台の上に3回ほどトントンと打ちつけて空気を抜く。

7 160℃のオーブンで30分焼き、型からはずして粗熱を取る。

①ラカントSは3〜4回に分けて混ぜることで、しっかりとしたメレンゲになる。

②ハンドミキサーで卵黄とラカントSシロップを混ぜる。

③牛乳と太白胡麻油を入れたら、ハンドミキサーの低速で混ぜる。

④メレンゲの1/4を入れ、泡立て器で混ぜる。

⑤残りのメレンゲにすべてを入れる。

⑥ゴムべらで切るように混ぜる。

⑦粉類をふるい入れる。

⑧ゴムべらで切るように混ぜる。

⑨クッキングシートを敷いたケーキ型に生地を流し入れる。

⑩焼き上がった生地の表面を平らに切り取りナッペ（※）する。

ポイント

・低糖質お菓子用ミックスを使ったスポンジは乾燥しやすいので、粗熱が取れた後、しばらくラップで覆っておく。

※ナッペ＝クリームなどをお菓子に塗っていく作業のこと。

生クリームのさっぱりとした甘味が口中に広がる幸せ♡

いちごのショートケーキ

カロリー
350kcal 1切れ

ロカボ糖質
8.5g 1切れ

1/6切れ分

定番のスポンジケーキ。
フルーツを変えればバリエーションも豊かに

材料 （15cm ケーキ型 1 台分）

スポンジケーキ

A	卵黄	2個
	ラカントSシロップ	20g
牛乳		大さじ1
太白胡麻油		大さじ1
B	大豆粉	20g
	薄力粉	20g
	低糖質お菓子用ミックス	20g
C	卵白	2個
	ラカントS	40g

シロップ

ラカントSシロップ	小さじ1
水	50ml
キルシュ	小さじ1

デコレーション

生クリーム	350ml
ラカントS	25g
いちご	15個

準備

・オーブンは、160℃に予熱しておく。
・ケーキ型の底と回りにクッキングシートを敷いておく。
・Bを合わせてふるっておく。
・シロップの材料をボウルに入れ、混ぜておく。

作り方

1 P16「スポンジ生地の作り方」参照。
2 ボウルにデコレーションの生クリームとラカントSを入れ八分立てにする。
3 回転台にスポンジ生地をのせ、パン切りナイフで回転台を回しながら上の膨らんだ部分を切り取る。残りの生地は半分にスライスする。
4 1枚目のスポンジ生地を回転台に置き、シロップを刷毛で塗る。2の泡立てた生クリームを塗り、へたを取ったいちごを均等にのせ、さらにいちごを埋めるようにクリームを塗る。
5 2枚目のスポンジ生地にシロップを塗り、その面を下にして4の上に置き、表面にシロップを塗る。生地全体を泡立てたクリームでナッペ（※）する。このとき、絞り用のクリームを取っておく。
6 星型の口金をつけた絞り袋に5のクリームを入れ、6か所に絞り、いちごを飾る。

※ナッペ＝クリームなどをお菓子に塗っていく作業のこと。

ビスキュイ生地とムースのコラボ

ベリーのシャルロット

カロリー
204kcal 1切れ

ロカボ糖質
12.5g 1切れ

1/6切れ分

「シャルロット」とは貴婦人の
帽子という意味。仕上がりに
リボンを巻けばゴージャスに

材料　（15cm セルクル 1 台分）

ビスキュイ生地
P16「スポンジ生地の作り方」参照。
シロップ
ラカント S シロップ　……　大さじ 1/2
水……………………………………… 35ml
キルシュ………………………　小さじ 1/2
ラズベリーババロア
牛乳………………………………… 50ml
ラカント S…………………………　17g
卵黄…………………………………　1 個
板ゼラチン…………………………　3g
ラズベリーピューレ……………… 50g
生クリーム……………………… 100ml
デコレーション
生クリーム………………………… 50ml
ラカント S…………………………　小さじ 1
ラズベリー…………………………　8 個
ブルーベリー………………………10 個
ブラックベリー……………………　6 個
いちご………………………………　3 個
チャービル…………………………　適量

準備

・オーブンは、180℃に予熱しておく。
・天板に合わせて敷いたクッキングシートの 4 辺のうち縦横 2 辺に幅 5cm の折り目をつけておく。折り目をつけてできた余白の中央にセルクルで丸の印を書いておく。
・板ゼラチンを氷水でふやかしておく。
・シロップの材料をボウルに入れ、混ぜる。

作り方

1　ビスキュイ生地を作る。
①P16「スポンジ生地の作り方」1 ～ 5 参照。
②生地を 13mm の丸口を入れた絞り袋

に入れる。クッキングシートにつけた丸の印より内側 1 cm から中心に向かって円を描くようにぐるぐると生地を絞りだす。次にクッキングシートの 2 辺に生地を長さ 5 cm 幅で棒状に平行に絞る。
③180℃のオーブンで10 ～ 12分焼き、粗熱を取る。セルクルの底と側面に生地を敷き詰めシロップを塗る (a)。
2　ラズベリーババロアを作る。
①鍋に牛乳とラカントS 1/2を入れ、中火で加熱し、沸騰前に火から下ろす。
②ボウルに卵黄と残りのラカントSを入れ泡立て器で混ぜ、①を加えて混ぜ、鍋に戻す。それを強火で加熱しながらゴムべらで混ぜ、とろみがついてきたら火から下ろし、ふやかした板ゼラチンを加え溶かす。
③漉し器で漉し、ボウルに入れ、氷水につけながら人肌程度に冷ます。
④生クリームをハンドミキサーでスジが入るくらいにゆるく泡立てたら、その1/3を③に加えて泡立て器で混ぜ、ラズベリーピューレと残り2/3に戻し入れ、泡立て器で混ぜ、最後にゴムべらで全体が均一になるように混ぜる (b)。
3　デコレーションする。
①(a) に (b) を流し入れ、冷蔵庫で2時間ほど冷やし、固める。
②デコレーションの生クリームとラカントSをかために泡立て、星型の口金をつけた絞り袋に入れ、ビスキュイ生地の内側に沿って絞り、ベリー類とチャービルを飾る。

21

モンブランとティラミスの濃厚な味わい

モンブランティラミス

カロリー
314kcal 1切れ

ロカボ糖質
31.6g 1切れ

1/6切れ分

最後は栗とビスキュイをのせ、
ゴージャスに仕上げる

材料 （15cm セルクル 1 台分）

ビスキュイ生地

A 卵黄・・・・・・・・・・・・・・・・・・・・・・・ 2個
ラカントSシロップ・・・・・・・・・・ 20g

B 大豆粉・・・・・・・・・・・・・・・・・・・・・ 10g
ココアパウダー・・・・・・・・・・・・・・ 10g
薄力粉・・・・・・・・・・・・・・・・・・・・・・ 20g
低糖質お菓子用ミックス・・・・・ 20g

C 卵白・・・・・・・・・・・・・・・・・・・・・・・ 2個
ラカントS ・・・・・・・・・・・・・・・・・・ 40g

コーヒーシロップ

挽いたコーヒー豆・・・・・・・・・・・・・・ 15g
水・・・・・・・・・・・・・・・・・・・・・・・・・・・・・ 100ml
ラカントSシロップ・・・・・・・・ 大さじ1/2
カルアミルク・・・・・・・・・・・・・・・ 大さじ1/2

マスカルポーネとマロンクリームのババロア

マスカルポーネ・・・・・・・・・・・・・・・ 50g × 2
板ゼラチン・・・・・・・・・・・・・・・・・・・・ 2g × 2
生クリーム・・・・・・・・・・・・・・・・・・・・ 100ml
マロンピューレ・・・・・・・・・・・・・・・・ 50g
卵黄・・・・・・・・・・・・・・・・・・・・・・・・・・ 1/2 個
牛乳・・・・・・・・・・・・・・・・・・・・・・・ 大さじ1/2
卵白・・・・・・・・・・・・・・・・・・・・・・・・・・ 1個
ラカントS ・・・・・・・・・・・・・・・・・・・・ 20g

モンブランクリーム

マロンピューレ・・・・・・・・・・・・・・・・ 70g
茹でたさつまいも・・・・・・・・・・・・・・ 30g
マービー・・・・・・・・・・・・・・・・・・・ 大さじ1
生クリーム・・・・・・・・・・・・・・・・・ 大さじ1
ラム酒・・・・・・・・・・・・・・・・・・・・・ 大さじ1/2

デコレーション

甘栗・・・・・・・・・・・・・・・・・・・・・・・・・・ 3個
86% チョコレート ・・・・・・・・・・・・・・ 6g
栗の渋皮煮・・・・・・・・・・・・・・・・・・・・ 3個

準備

・オーブンは、160℃に予熱しておく。
・板ゼラチンを氷水でふやかしておく。
・甘栗は粗めのみじん切りに、栗の渋
　皮煮は縦半分に切っておく。

・クッキングシートに15cmのセルクル
　で丸の印を2つ書いておく。
・86%チョコレートは湯煎で溶かし、
　クッキングシートに丸く落としてス
　プーンを押しつけて引き抜き、冷蔵
　庫で固める。

作り方

1　ビスキュイ 生地を作る。

① P16「スポンジ生地の作り方」1~2
　参照。

② AのボウルにCのメレンゲ1/4を入
　れ、泡立て器で混ぜ、それをメレ
　ンゲに戻し、ゴムべらで混ぜる。

③ Bをふるい入れ、ゴムべらで切るよ
　うに混ぜる。

④ 13mmの丸口をつけた絞り袋に入
　れ、印をつけた2つの丸と10円玉
　大の6個の丸を絞って、160℃の
　オーブンで10 ～ 12分焼く（a）。

2　コーヒーシロップを作る。

　水を鍋に入れ、沸騰したら挽いた
　コーヒー豆を入れて、火を止める。
　5分蒸らしたら、漉し器で漉す。そ
　こにカルアミルクとラカントSシ
　ロップを加え、混ぜて冷やす。

3　マロンクリームのババロア（a）とマ
　スカルポーネのババロア（b）を作る。

① 鍋にマロンクリームの牛乳と卵黄
　を入れ、ゴムべらで混ぜながら中
　火で加熱し、とろみがついたら火
　を止める。板ゼラチン2gを入れ、
　溶けたらマスカルポーネ50gとマ
　ロンピューレ50gを加えて泡立て
　器で混ぜ、漉し器で漉す（a）。

②マスカルポーネのババロアの板ゼラチンを湯煎で溶かす。

③ボウルに卵白1個とラカントS20gを入れ、ハンドミキサーでかために泡立てる。

④別のボウルに生クリームを入れ、ハンドミキサーでゆるく泡立てる。

⑤②にマスカルポーネを少量入れ、泡立て器で混ぜ、さらにマスカルポーネに戻し、全体を泡立て器で混ぜる（b）。

⑥（b）に④のクリーム60gを加え、泡立て器で混ぜる。残りは（a）に加えて混ぜる。

⑦（a）（b）に③を半量ずつ加えて混ぜ、2つをそれぞれ13mmの丸口をつけた絞り袋に入れる。

4 デコレーションする。

①2個のビスキュイ生地をセルクルで抜き、1枚にコーヒーシロップを片面だけ浸し、浸したほうを上にしてセルクルにセットする。その上にマロンクリームのババロア（a）を絞る。

②もう1枚のビスキュイ生地両面にコーヒーシロップを浸し、①の上にセットし、その上にみじん切りにした甘栗を広げ、マスカルポーネのババロア（b）を絞る。表面をカードで平らにし、冷蔵庫で冷やし固める。

③モンブランクリームの材料すべてをフードプロセッサーに入れ、裏ごし、モンブラン口金（※）を入れた絞り袋に入れる。②の表面に絞り、丸く焼いた6個のビスキュイ

と準備したチョコレート、栗の渋皮煮を飾る。

・マロンピューレは蒸した栗をそのままピューレ状にしたもので砂糖やバニラが入っていないものを選ぶこと。

※モンブラン口金＝モンブランにデコレーションするときに使う口金。

ふわふわ食感で軽い口あたりに

パンケーキ

カロリー
195kcal 1枚分

ロカボ糖質
6.2g 1枚分

材料 （3枚分）

A ┌ 卵白……………………………… 1個
　└ ラカントS …………… 大さじ1/2
B ┌ 卵黄……………………………… 1個
　└ ラカントS ……………… 大さじ1/2
太白胡麻油……………………… 大さじ1/2
牛乳…………………………………… 50ml
C ┌ 低糖質お菓子用ミックス…… 15g
　│ 大豆粉……………………………… 15g
　│ 薄力粉……………………………… 15g
　└ ベーキングパウダー… 小さじ1/2
バター……………………………… 10g
生クリーム……………………… 50ml
ラカント S ……………………… 小さじ1
ミントの葉……………………………… 少々
レモンの皮（すりおろし）……… 少々

作り方

1 Aをボウルに入れ、ハンドミキサー
で角が立つまでしっかり泡立てる。

2 Bを別のボウルに入れ、同様にもっ
たりするまで泡立てたら、太白胡麻
油と牛乳を加えて混ぜる。

3 2に1のメレンゲを入れ、ゴムべら
で混ぜたら、Cの粉類をふるい入
れ、切るように混ぜる。

4 コーティング加工のフライパンを弱
火で温め、バターを溶かす。

5 アイスクリームディッシャーで3を
3等分にすくい、フライパンの3か
所に間隔を開けて入れる。ふたをし
て3分、返して3分焼く。

6 ボウルに生クリームとラカントS
を入れ、ハンドミキサーでゆるめ
に泡立てる（ホイップクリーム）。

7 パンケーキを器に盛り、ホイップ
クリームをのせ、レモンの皮を散
らしてミントの葉を添える。

ポイント

・卵は冷蔵庫に入れておいた冷たいも
のを使用。

「ザッハトルテ」はウィーンの
代表的なチョコレートケーキ

100%カカオのチョコレートの苦味が効いた大人のケーキ

ザッハトルテ

材料 （15cmケーキ型1台分）

ザッハトルテ生地

A ┌ 全卵………………………… 3個
　└ ラカントS ………………… 70g
B ┌ 大豆粉……………………… 15g
　│ ココアパウダー…………… 15g
　│ 薄力粉……………………… 30g
　└ 低糖質お菓子用ミックス …… 30g
太白胡麻油………………………… 20ml

シロップ
ラカントSシロップ ………… 45ml
水…………………………………… 90ml
ラム酒……………………………… 20ml

ガナッシュクリーム
生クリーム……………………… 100ml
カカオマス……………………… 50g
あまみちゃん………………… 大さじ2

デコレーション
生クリーム……………………… 150ml
ラカントS……………………… 大さじ1
いちご……………………………… 3個
ラズベリー………………………… 5個
ブルーベリー…………………… 11個
ミントの葉…………………… 適量

準備

・オーブンは、160℃に予熱しておく。
・ケーキ型にクッキングシートを敷いておく。
・シロップの材料をボウルに入れ、溶かしておく。

作り方

1 Aをボウルに入れ、泡立て器で混ぜながら人肌まで湯煎で温め、ハンドミキサーでもったりするまで泡立てたら太白胡麻油を入れ、ゴムべらで下から持ち上げるように混ぜる。さらにBをふるい入れ、ゴムべらで切るように混ぜ、ケーキ型に流し入れる。

2 160℃のオーブンで30～35分焼き、室温になるまで冷やす。

3 ガナッシュクリームを作る。
ボウルにカカオマスを入れ、湯煎で溶かしたら生クリームを少しずつ入れ、泡立て器でなめらかになるまで混ぜる。ここにあまみちゃんを加え、泡立て器で混ぜて溶かす。

4 2のスポンジ生地を回転台に置き、回しながら3枚にスライスする。

5 焼き上がった生地の上を下にして回転台に置き、シロップを刷毛で塗る。

6 ガナッシュクリーム1/4をデコレーション用に別のボウルに取り分け(a)、残りを2分割し、1/2を5の上に塗る。シロップを塗った面を下にして2枚目の生地を重ね、表面にシロップを塗る。残り1/2をその上に塗り、3枚目の生地にもシロップを塗り、その上に重ねて表面にシロップを塗る。

7 (a)の少量をドロップ用にボウルに
取り分けておく。

8 デコレーション用の生クリームと
ラカントS、7の取り分けて残った
(a)をハンドミキサーでスジが入る
くらいに泡立てる。

9 8の1/3を別のボウルに取り、かため
に泡立て器で泡立て、星型の口金を
つけた絞り袋に入れる(b)。残りのク
リームで6の全体をナッペ(※)し、
冷蔵庫で1時間ほど置く。

10 7を湯煎でゆるめて2mmの口金を
つけた絞り袋に入れ、9の側面に垂
らしてドロップを作る。残りを表
面に絞り、スパテラでなめらかに
したら冷蔵庫で30分ほどおく。

11 上に(b)を絞り、いちご、ラズベ
リー、ブルーベリーを並べ、ミン
トの葉を飾る。

ポイント

・100%カカオのチョコレートでも糖質
はあるので、食べる量は控えめに!

※ナッペ＝クリームなどをお菓子に塗っていく作業のこと。

2

糖質オフ
×
タルト

サクサク生地も糖質オフで再現可能。
タルトの上にはブルーベリー、いちごやレモンなど
フルーツのほかナッツなどをのせて……。
デコレーションもいろいろ楽しめます。

サクサクサブレとフィリングのおいしいコラボレーション

とっておきのタルト

タルト生地には、低糖質お菓子用ミックスを使う場合と使わない場合の
2つのレシピを用意しました。

タルト生地の作り方

（18cm タルト型 1 台分）

低糖質お菓子用ミックスを使う場合

タルト生地

A	低糖質お菓子用ミックス……	75g
	アーモンドパウダー…………	30g
	ココナッツミルクパウダー…	15g
ラカント S …………………………		30g
無塩バター…………………………		60g
溶き卵…………………………………		20g

準備

・オーブンは、170℃に予熱しておく。
・無塩バターは室温にしておく。
・Aを合わせてふるっておく。
・クッキングシートをタルト型に合わせて丸く切り、周りに切り込みを入れておく。

作り方

1 ボウルに無塩バターとラカントSを入れ、ハンドミキサーでふんわりするまで混ぜる。

2 そこに溶き卵を少しずつ入れ、混ぜる。

3 Aを2回に分けて加え、ゴムべらで切るように混ぜる。少しまとまってきたら、ボウルの中で生地を手でひとまとめにし、クッキングシートの上に出し、ラップで被い麺棒でのばす。

4 5mmくらいの均等な厚みになるように生地をタルト型よりひと回り大きい円形にのばし、生地を型にぴったりつくように敷きつめる。

5 型からはみ出した生地は、ナイフで切り落とし、足りないところに貼りつけて、型に生地を密着させる。

6 底にフォークで穴をあけ、クッキングシートを敷き、タルトストーン（※）を入れ170℃のオーブンで15分焼く。

7 焼き上がったら、タルトストーンを取り、粗熱が取れたら側面を型から浮かし、型に入れたまま冷蔵庫で冷やす。

8 完全に冷めたら、型からはずす。

※タルトストーン＝タルト生地を焼く際、使う重石のこと。これを使うと、生地のふくらみを抑えられる。

①バターとラカントSをハンド
ミキサーでふんわりするまで混
ぜる。

②溶き卵を数回に分けて入れ、
ハンドミキサーで混ぜる。

③粉類を2回に分けて加え、ゴ
ムべらで混ぜる。

④ボウルの中でひとかたまりに
する。

⑤クッキングシートの上にお
き、ラップで被って麺棒で5mm
くらいの厚さにのばす。

⑥タルト型より大きめの円形に
のばす。

⑦タルト型に敷きつめる。

⑧大きくはみ出した部分はナイ
フで切り取り、足りない部分に
貼りつける。

⑨底の部分にフォークで空気穴
をあける。

⑩生地の内側に切り込みを入れ
たクッキングシートを敷く。

⑪タルトストーンを入れて、
170℃に予熱したオーブンで15
分焼く。

⑫完全に冷めたら、型からはず
す。

材料 （18cm タルト型 1 台分）

低糖質お菓子用ミックスを使わない場合

A ┌ アーモンドパウダー………… 75g
　│ 大豆粉……………………… 30g
　└ ココナッツミルクパウダー 15g

ラカント S………………………… 30g

無塩バター……………………… 60g

いちごのコンポート

作りやすい分量（今回 1/4 量を使用）

いちご（冷凍）………………… 250g

あまみちゃん…………………… 50g

キルシュ（さくらんぼのお酒） 小さじ 2

レモン汁……………………… 小さじ 1

マスカルポーネのアパレイユ

牛乳………………………………… 150ml

ラカント S………………………… 30g

卵黄………………………………… 2 個

コーンスターチ………………… 15g

マスカルポーネ………………… 100g

B ┌ 卵白……………………… 2 個
　└ ラカント S………………… 20g

デコレーション

C ┌ 生クリーム…………………… 50ml
　└ ラカント S……………… 小さじ 1

いちご……………………………… 6 個

ミントの葉……………………… 6 枚

ふんわりチーズとサクサクサブレがいちごにマッチ

いちごのチーズタルト

カロリー
514kcal 1切れ

ロカボ糖質
13.3g 1切れ

1/6切れ分

・オーブンは、170℃に予熱しておく。
・無塩バターは室温にしておく。
・Aを合わせてふるっておく。

作り方

1 タルト生地を作る。

① ボウルに無塩バターとラカントS
を入れ、ハンドミキサーでふんわ
りするまで混ぜたらAを2回に分け
て加え、ゴムべらで切るように混
ぜる。少しまとまってきたら、ボ
ウルの中で生地を手でひとまとめ
にし、冷蔵庫で1時間ほど冷やし固
める。

② 生地をクッキングシートの上に出
し、ラップで被い、麺棒でのばす。

③ P32「タルト生地の作り方」4〜5
参照。

2 いちごのコンポートを作る。

鍋にいちごとあまみちゃん、キル
シュを入れ、中火で加熱する。沸
騰したら混ぜながら水分を煮飛ば
し、レモン汁を入れ冷ましておく。

3 マスカルポーネのアパレイユを作る。

① 鍋に牛乳とラカントS 1/3を入れ、
中火で加熱し沸騰前で火を止める。

② ボウルに卵黄と残りのラカントS、
コーンスターチを入れ、泡立て器
で混ぜたら、①を入れて混ぜ、鍋
に戻す。ゴムべらで混ぜながら中
火で加熱し、沸騰したら火からは
ずす。マスカルポーネを入れて混
ぜ、裏ごししておく。

③ Bをハンドミキサーで角が立つく
らいのメレンゲに泡立て、②に1/3

を加え泡立て器で混ぜたら、メレ
ンゲに戻し、ゴムべらで切るよう
に混ぜる。13mmの丸口をつけた
絞り袋に入れ、タルトの中に外側
から丸く中心に向かって絞る。い
ちごのコンポートを6か所に置き、
同様に2層目を絞ったら、表面を
カードで平らにし、160℃のオーブ
ンで35分焼く。粗熱が取れたら側
面を型から浮かし、型に入れたま
ま冷蔵庫で冷やす。

4 デコレーションをする。

Cをハンドミキサーで泡立て、星型
の口金をつけた絞り袋に入れ、6か
所に絞り、いちごとミントの葉を
飾る。

ポイント

・ラカントSは煮詰めて冷やしたとき結
晶化するため、あまみちゃんを使用。
・低糖質お菓子用ミックスを使わない
場合は、生地がやわらかすぎて扱い
にくいため、卵は使わない。

温かいうちは壊れやすいので、しっかり冷まし
てから型からはずすようにしましょう

りんごとミルクティーの甘い香りがやさしい

キャラメルアップルタルト

カロリー
433kcal 1切れ

ロカボ糖質
9.5g 1切れ

1/8切れ分

材料 （18cm タルト型 1 台分）

タルト生地
A ┌ 低糖質お菓子用ミックス…… 90g
　├ くるみパウダー………………… 20g
　└ ココナッツミルクパウダー … 15g
ラカント S ………………………… 30g
無塩バター………………………… 60g
溶き卵……………………………… 20g

アーモンドクリーム
アーモンドパウダー……………… 35g
無塩バター………………………… 35g
ラカント S ………………………… 10g
卵白………………………………… 20g
バニラエッセンス………………… 少々

キャラメルりんご
りんご……………………………… 1 個
B ┌ 無塩バター…………………… 20g
　└ あまみちゃん………………… 20g
レモン汁……………………… 大さじ 1/2
シナモンパウダー………………… 少々

ミルクティーババロア
牛乳………………………………… 100ml
ラカント S ………………………… 17g
紅茶葉……………………………… 15g
卵黄………………………………… 1 個
生クリーム………………………… 100ml
板ゼラチン………………………… 3g

ナパージュ（つや出しゼリー）
水…………………………………… 30ml
ラカントホワイト………… 小さじ 1/2
サイリウム★……………………… 0.1g
板ゼラチン………………………… 0.7g

デコレーション
くるみ……………………………… 3 個
86% チョコレート………………… 20g
カフェエキストラ………………… 3 滴
りんごチップ……………………… 3 枚
あまみちゃん……………………… 少々
C ┌ 生クリーム…………………… 50ml
　└ ラカント S ………………… 小さじ 1

ポイント

・キャラメルを作るにはあまみちゃんが最適。
・ナパージュはサイリウム★が多いと弾力が強すぎて薄くのびない。透明感を出すためラカントホワイトを使用。
・カフェエキストラは濃く溶かしたインスタントコーヒーで代用可。

準備

・オーブンは、180℃に予熱しておく。
・無塩バターは室温にしておく。
・Aを合わせてふるっておく。
・板ゼラチンを氷水でふやかしておく。
・86% チョコレートは湯煎で溶かし、絞り袋に入れ、クッキングシートに網目模様に絞って冷蔵庫で冷やしておく。

37

作り方

1 タルト生地を作る。
P32「タルトの作り方」1〜5参照。

2 キャラメルりんごを作る。

① りんごの皮を剥き、芯を取り、16等分に切る。

② 鍋にりんごと**B**を入れ、中火で加熱し、水分が出てきたら煮飛ばしてレモン汁を加える。

3 アーモンドクリームを作る。

① ボウルに無塩バターとラカントSを入れ、ハンドミキサーでふんわりするまで混ぜる。さらに卵白を少しずつ入れて混ぜたら、アーモンドパウダーを入れ、泡立て器で混ぜる。そこにバニラエッセンスを加えて混ぜ、タルト生地につめる。隅までいきわたるようにゴムべらで平らにならす。

② そこにキャラメルりんごを丸く並べ、180℃のオーブンで30分焼き、冷蔵庫で冷やしておく (a)。

4 ミルクティーババロアを作る。

① 鍋に牛乳を入れ、沸騰したら茶葉を入れて10分蒸らしたら別の鍋に漉し、ラカントSの1/2を加えて溶かす。

② ボウルに卵黄と残りのラカントSを入れ、泡立て器で混ぜたら①を加えて、鍋に戻し、混ぜながらとろみがつくまで強火で加熱する。そこに板ゼラチンを入れ溶かし、ボウルに漉して氷水で冷ます。

③ 生クリームをスジが入るくらいに泡立て、②と合わせる。

④ 冷めたタルト (a) の上に15cmセルクルをおいて軽く押し込み、③を流し入れ、冷蔵庫で1時間ほど冷やし固める (b)。

5 ナパージュを作る。

鍋に水、ラカントホワイト、サイリウムを入れ、中火で加熱し、ゴムべらで混ぜる。粘りが出たら、ふやかした板ゼラチンを加えて溶けたらボウルに移し、氷水で冷やして熱くない程度に粗熱を取る (c)。

6 デコレーションする。

① (b) の上に (c) を流し入れ、均等に広げる。カフェエキストラを落とし、ゴムべらで広げてグラデーションを作る。

② 準備していた86%チョコレートは適当な大きさに割る。

③ **C**を泡立て、2mmの口金をつけた絞り袋に入れ、タルトとババロアの間に丸く絞る。

④ くるみにあまみちゃんをふるい、②のチョコレートとりんごチップを飾る。

ババロアに「ナパージュ」を塗ることで上品な仕上がりに

ブルーベリーとマスカルポーネがやさしい味わい

ブルーベリータルト

カロリー
292kcal 1切れ

ロカボ糖質
8.2g 1切れ

1/8切れ分

材料 （18㎝タルト型1台分）

タルト生地
分量はP32「タルト生地の作り方」参照。

アーモンドクリーム
アーモンドパウダー……………… 50g
無塩バター……………………… 50g
ラカントS……………………… 25g
溶き卵…………………………… 1個
バニラエッセンス……………… 少々
ブルーベリー（冷凍）…… 20粒(35g)

マスカルポーネクリーム
マスカルポーネ…………………… 50g
B ┌ 生クリーム………………… 100ml
　└ ラカントS ……………… 大さじ1

デコレーション
ブルーベリー（生）……………… 80g
チャービル……………………… 適量

準備

・オーブンは170℃に予熱しておく。
・無塩バターは室温にしておく。
・A（P32参照）は合わせてふるっておく。

作り方

1 タルト生地を作る。
① P32「タルト生地の作り方」1～4参照。
② 切り落とした生地を5mmほどの厚さにのばし、デコレーション用のクッキーをクッキー型で抜いておく。
③ 残りの生地で足りないところに貼りつけて、型に生地を密着させる。

2 アーモンドクリームを作る。
① ボウルに無塩バターとラカントSを入れ、ふんわりするまでハンドミキサーで混ぜたら溶き卵を少しずつ入れ、混ぜる。そこにアーモンドパウダーを入れ、泡立て器で混ぜる。
② バニラエッセンスを加えて混ぜ、タルト生地につめる。このとき、隅までいきわたるようにゴムべらで平らにならす。
③ 冷凍ブルーベリーを均等に押し込み、170℃のオーブンで30分焼く。クッキーは160℃で10分焼く。
④ 粗熱が取れたら冷蔵庫で冷やしておく。

3 デコレーションする。
① Bをハンドミキサーでゆるめに泡立て、マスカルポーネを加えてかために泡立てる。
② ①を丸口をつけた絞り袋に入れ、タルトに絞り、ブルーベリーをのせ、チャービルとクッキーを飾る。

ポイント

・同じ生地でタルトとクッキーを作ります。

2種類のチョコレートクリームでナッツをワイルドに

ざくざくナッツのチョコタルト

カロリー
259kcal 1切れ

ロカボ糖質
9.8g 1切れ

1/8切れ分

材料 （18cm タルト型 1 台分）

タルト生地

A ┌ 低糖質お菓子用ミックス…… 75g
　├ アーモンドパウダー………… 30g
　├ ココナッツミルクパウダー … 15g
　└ ココアパウダー……… 小さじ1/4

ラカント S…………………………… 30g
無塩バター………………………… 60g
溶き卵……………………………… 20g

チョコレートクリーム

86% チョコレート………………… 40g

B ┌ 生クリーム…………………… 50ml
　└ ラカント S ……………… 小さじ1

ガナッシュクリーム

86% チョコレート………………… 60g
生クリーム………………………… 60ml
あまみちゃん………………… 大さじ2
ミックスナッツ…………………… 150g

デコレーション

ココアパウダー…………………… 適量

準備

・オーブンは 170℃に予熱しておく。
・無塩バターは室温にしておく。
・A を合わせてふるっておく。

作り方

1 タルト生地を作る。
　P32「タルト生地の作り方」参照。
2 チョコクレートリームを作る。
① ボウルに86% チョコレートを入れ、湯煎で溶かす。
② Bをボウルに入れ、ハンドミキサーでスジが入るくらいに泡立て、①を加えてゴムべらで混ぜる。このとき、混ぜすぎるとボソボソになるので注意。

③ 1にチョコレートクリームを入れ、隅までしっかり広げる (a)。
3 ガナッシュクリームを作る。
　ボウルに86% チョコレートを入れ、湯煎で溶かし、生クリームを少しずつ入れながら泡立て器で混ぜる。あまみちゃんを入れ、ゴムべらで軽く混ぜたらミックスナッツを入れて混ぜる。
4 デコレーションする。
　(a)にミックスナッツを混ぜたガナッシュクリームを入れ、平らにならし、ココアパウダーをふるう。

ポイント

・タルトを素焼きするので、粗熱が取れたら生地を型から浮かし、そのまま冷ます。

レモンの酸味がさわやかな甘さ控えめタルト

瀬戸内レモンタルト

カロリー
205kcal 1切れ

ロカボ糖質
9.8g 1切れ

1/8切れ分

材料 （24 × 10cm タルト型 1 台分）

タルト生地

A	低糖質お菓子用ミックス……	75g
	アーモンドパウダー…………	30g
	ココナッツミルクパウダー	15g
ラカント S……………………		30g
無塩バター……………………		60g
溶き卵…………………………		20g

レモンクリーム

B	卵黄……………………………	2個
	卵………………………………	2個
レモン汁………………………		100g
ラカント S……………………		50g
無塩バター……………………		50g
レモンの皮……………………		1個
板ゼラチン……………………		3g

スイスメレンゲ

卵白…………………………	1½個
あまみちゃん………………	30g

デコレーション

レモンの輪切り…………………	5枚

準備

・オーブンは、170℃に予熱しておく。
・無塩バターは室温にしておく。
・Aを合わせてふるっておく。
・板ゼラチンを氷水でふやかしておく。
・レモンの輪切りを半分に切っておく。

作り方

1 タルト生地を作る。

① ボウルに無塩バターとラカントS を入れ、ハンドミキサーでふんわ りするまで混ぜる。

② そこに溶き卵を少しずつ入れ、混 ぜる。

③ Aを2回に分けて加え、ゴムべらで 切るように混ぜる。少しまとまっ てきたら、ボウルの中で生地を手 でひとまとめし、クッキングシー トの上に出し、ラップで被い、麺 棒でのばす。

④ 5mmくらいの均等な厚みになるよ うに生地をタルト型よりひと回り 大きい四角形にのばす。生地を型 にぴったりつくように敷きつめる。

⑤ 型からはみ出した生地は、ナイフ で切り落とし、足りないところに 貼りつけ、型に生地を密着させる。

⑥ クッキングシートをタルトに合わ
せて四角に切り、四隅に切り込み
を入れ、⑤の内側に敷き込み、タ
ルトストーンを入れ、170℃のオー
ブンで20分焼く。

⑦ タルトストーンを取り、冷蔵庫で
冷やし粗熱を取る。

2 レモンクリームを作る。

① 鍋にすりおろしたレモンの皮とレ
モン汁を加え、強火で加熱して小
さい泡から大きな泡になったら火
を止める。

② ボウルにBとラカントSを入れ泡
立て器で混ぜ、①を一気に入れて
混ぜる。それを漉して鍋に戻し、
中火で加熱しながら泡立て器で混
ぜ、とろみがついたら火を止める。
そこにバターと板ゼラチンを入れ、
溶けたらバットに流してラップを
密着させ、冷蔵庫で粗熱を取る。

3 スイスメレンゲ(※)を作る。

① ボウルに卵白とあまみちゃんを入
れ、湯煎にかけながら50℃まで温
度を上げる。

② 湯煎からはずし、ハンドミキサー
でかために泡立て、星型の口金を
つけた絞り袋に入れる。

4 デコレーションする。

① タルトのクッキングシートを取り、
レモンクリームを流し入れ、表面
をカードでなめらかにする。

② 中央にレモンの輪切りを並べ、**3**の
スイスメレンゲを絞りバーナーで
焼き目をつける。

ポイント

・タルトがレモンクリームの水分を吸っ
てしまうため、作り置きには向きま
せん。

・タルトは粗熱が取れたら生地を少し
浮かし、型から完全にはずさずにそ
のまま冷ますように!

※スイスメレンゲ=湯煎をしながら泡立てる、メレンゲ作りの一種。

糖質オフ
×
発酵

人気の塩麹や甘酒などの発酵食品を使った
糖質オフスイーツは
シェイクやフラペチーノなどのドリンクや
シフォンケーキ。
おいしくって身体にも
良いスイーツたちです。

コーヒーのほろ苦さも楽しめる大人味のドリンクスイーツ

発酵コーヒー
キャラメルフラペチーノ

カロリー
175kcal 1杯分

ロカボ糖質
5.9g 1杯分

材料 （150ml 容器のグラス 4 杯分）

キャラメルナッツ

アーモンド……… 20 個（5 個 /1 杯）
あまみちゃん………………………… 15g
水………………………………… 小さじ 2

チョコレートシロップ

ココアパウダー…………………………5g
ラカント S ……………………………… 7g
バニラオイル…………………………… 少々
熱湯…………………………… 大さじ 1/2

シェイク

牛乳……………………………… 200ml
コーヒー顆粒…………………… 大さじ 1/2
甘酒……………………………… 大さじ 1
ラカント S …………………………… 大さじ 2
塩麹…………………………… 小さじ 2/3

仕上げ

A ┌ 生クリーム……………… 100ml
　└ ラカント S …………… 大さじ 1
ココアパウダー…………………… 適量
ミントの葉……………………… 適量

準備

・製氷容器（10 マスタイプ）にドリッ
　プしたコーヒーを入れて冷凍し、コー
　ヒー氷を作っておく。
　　※ドリップコーヒー：70cc/1 杯を使用。
・アーモンドは乾煎りしておく。
・A をボウルに入れハンドミキサーで
　しっかり泡立て、星型の口金をつけ
　た絞り袋に入れておく。

作り方

1　キャラメルナッツを作る。

①　鍋にあまみちゃんと水を加えて、
　中火で加熱してカラメルを作り、
　アーモンドを加える。

②　火を止め、水大さじ 1（分量外）を加
　えたらすぐにふたをする。ゴムベ
　らで全体を混ぜ、アーモンドがくっ
　つかないようにクッキングシート
　を敷いたバットに取り出す。

③　アーモンド 20 個のうちの 4 個は
　トッピング用、16 個はシェイクの
　材料と一緒にミキサーに入れて混
　ぜる。

2　チョコレートシロップを作る。

　材料を混ぜたら、グラスに垂らし
　て冷凍庫に 3 〜 5 分入れてチョコ
　レートシロップを固める（a）。

3　シェイクを作る。

　ミキサーにシェイクのすべての材
　料とキャラメルナッツ 16 個を加え
　て攪拌する。甘さが足りないとき
　は、お好みでラカント S シロップ
　をプラスする（b）。

4　仕上げる。

　（a）に（b）を注いで A を絞ったらコ
　コアをふり、キャラメルナッツと
　ミントの葉を飾る。

ポイント

・甘酒や塩麹は腸活にもおすすめです
　が、糖質を多く含むため太る原因に。
　摂取量は 1 日大さじ 2 までに抑えてく
　ださい。

グラスに入れてパフェのようにしたり、ホイップクリームと旬のフルーツをトッピングしたりと、さまざまなデコレーションが楽しめる

グルテンフリーなのにふわふわ軽やかな食感

抹茶シフォンケーキ

カロリー
96kcal 1切れ

ロカボ糖質
3.2g 1切れ

1/8切れ分

材料 （17cm シフォン型 1 台分）

抹茶シフォンケーキ
無調整豆乳……………………… 50ml
卵黄…………………………… 4 個
ラカント S……………………… 30g
太白胡麻油……………………… 30ml
A ┌ 糖質50%オフのスイーツ粉… 30g
　│ 米粉…………………………… 15g
　└ 抹茶パウダー………………… 5g
B ┌ 卵白…………………………… 4 個
　└ ラカント S………………… 40g

仕上げ
C ┌ 生クリーム………………… 100ml
　└ ラカント S…………… 大さじ1/2
抹茶パウダー……………………… 適量

準備
・Aを合わせてふるっておく。
・オーブンを180℃に予熱しておく。
・Cをボウルに入れハンドミキサーでしっかり泡立て、丸口の口金をつけた絞り袋に入れておく。

作り方
1 ボウルに卵黄とラカントS30gを加え、ハンドミキサーで白っぽくなるまで混ぜる。そこに太白胡麻油、豆乳を加えて均一になるまで混ぜる。
2 Bでメレンゲを作る。
① ボウルに卵白を加え、少しハンドミキサーで混ぜる。
② ラカントSの1/2を加えて、メレンゲがおじぎをするまで攪拌する。残りのラカントSを加えて混ぜ、角が立つまで泡立てる。
3 1にAを加えてハンドミキサーで混ぜる。ここに2のメレンゲの1/3を加えてゴムべらで混ぜ、残りのメレンゲに戻し入れ、泡立て器で優しく全体を均一に混ぜ、最後はゴムべらで切るように混ぜる。
4 型に流し入れ、ゆすって表面を平らにしたら、空気抜きをして180℃のオーブンで30〜35分焼く。
5 焼けたら逆さまにして粗熱を取り、型からはずして8等分に切る。仕上げにCのホイップクリームを絞って抹茶パウダーをふるう。

ポイント
・グルテンのない生地なので、卵は別立て法（※）でメレンゲをしっかりと。
・太白胡麻油を使用することで仕上がりもふっくら。

※別立て法＝卵黄と卵白を別々に泡立てる製菓技術のこと。卵黄と卵白を一緒に泡立てる「共立て法」と比べると、ふんわりとした軽い食感に仕上がるという特徴がある。

クリームがなくても満足！紅茶の風味がきいたふわふわ食感

紅茶マーブルシフォンケーキ

マーブル模様にするだけで
ワンランクお洒落な仕上がりに！

材料 （17cmシフォン型1台分）

シフォンケーキ

紅茶液	50ml
熱湯	80ml
紅茶茶葉	5g
卵黄	4個
ラカントS	20g
太白胡麻油	30ml
A ┌ 糖質50%オフのスイーツ粉	35g
└ 米粉	15g
B ┌ 卵白	4個
└ ラカントS	40g
ココアパウダー	5g

準備

・Aを合わせてふるっておく。
・オーブンを180℃に予熱しておく。
・紅茶液を作って粗熱を取っておく。

作り方

1　ボウルに卵黄とラカントS 20gを加え、ハンドミキサーで白っぽくなるまで混ぜ、太白胡麻油、紅茶液を加えて同様に均一になるまで混ぜる。

2　Bでメレンゲを作る。
　① ボウルに卵白を入れ、少しハンドミキサーで混ぜる。
　② ラカントSの1/2を加えて、メレンゲがおじぎをするまで撹拌する。残りのラカントSを加えて混ぜ、角が立つまで泡立てる。

3　1にAを加えてゴムべらで混ぜ、それを別のボウルに2等分にして、1つのボウルにココアパウダーを加えて混ぜる。

4　2つのボウルにメレンゲを少量加えてゴムべらで混ぜ、残りのメレンゲを2つのボウルに均等に入れ、泡立て器で優しく全体を均一に混ぜ、最後はゴムべらで切るように混ぜる。

5　2つの生地を型に交互に流し入れ、菜箸1本を使ってマーブル模様になるようにクルクルと生地を撹拌する。ゆすって表面を平らにしたら、空気抜きをして180℃のオーブンで30〜35分焼く。

6　焼けたら逆さまにして粗熱を取る。

7　型からはずして8等分にする。

ポイント

・マーブルが難しい場合は、ココアパウダーを加えずに紅茶シフォンケーキとして楽しんでみて。

塩麹の旨味と塩味が甘さを引き立てる！

発酵チョコバナナシェイク

カロリー
296kcal 1杯分

ロカボ糖質
10.6g 1杯分

材料 （グラス2杯分）

チョコレートシロップ
ココアパウダー……………………… 5g
ラカントS…………………………… 7g
バニラオイル……………………… 少々
熱湯…………………………… 大さじ1/2
シェイク
ココアパウダー……………… 大さじ1
ラカントS………………………… 大さじ1
甘酒…………………………… 大さじ1
塩麹……………………………… 小さじ1
牛乳…………………………… 100ml
アーモンドミルク…………… 200ml
バナナ………………………… 20g
仕上げ
A ┌ 生クリーム……………… 100ml
  └ ラカントS…………… 大さじ1/2
バナナ…………………………… 1/6本
ココアパウダー………………… 適量
ミントの葉………………………… 適量

準備

・氷用の牛乳を製氷皿に凍らせておく。
・トッピングのバナナは長めの斜めス
　ライスに、シェイクに加える場合は
　粗く切っておく。
・チョコレートシロップを作っておく。
・Aをボウルに入れハンドミキサーで
　しっかり泡立て、星型の口金をつけ
　た絞り袋に入れておく。

作り方

1 チョコレートシロップを作る。
　材料を混ぜたら、グラスにたらし
　て、冷凍庫に3〜5分入れ、チョコ
　レートシロップを固める(a)。
2 シェイクを作る。
① ミキサーにバナナ以外のシェイク
　の材料を入れて撹拌する。
② (a)に①の7割をグラスに注いだら、
　残りの①にバナナを加えてさらに
　撹拌し、グラスに注ぐ。
3 仕上げる。
　2にAを絞ったらココアパウダーを
　ふり、バナナとミントの葉を飾る。

ポイント

・バナナはカロリーの低い低GI（※）
　食品。さらに、カリウムは体内の塩
　分を調整してくれるので暑い夏にお
　すすめ。

※GI＝グラセミック・インデックスの略で、
食後血糖値の上昇度を示す指標のこと。

抹茶の香りも楽しめる癒し系ドリンク

発酵抹茶シェイク

カロリー
282kcal 1杯分

ロカボ糖質
6.6g 1杯分

材料 （グラス1杯分）

牛乳……………………… 100ml
ラカントS……………… 大さじ1/2
塩麹……………………… 小さじ1/4
抹茶パウダー…………… 小さじ1/2
A ┌ 生クリーム …………… 50ml
　└ ラカントS …………… 小さじ1

準備

・牛乳を製氷皿に入れ、凍らせておく。
・Aをボウルに入れ、ハンドミキサー
　でしっかり泡立て、サントノーレ口
　金をつけた絞り袋に入れる。

作り方

1 ミキサーに凍らせた牛乳、ラカン
　トS、塩麹、抹茶パウダーを加え攪
　拌する。

2 1をグラスに注ぎ、Aを絞って抹
　茶パウダー（分量外）を茶漉しで
　ふるう。

ポイント

・牛乳100mlに4.8gの糖質が含まれま
　す。適量でおいしく糖質オフに。

糖質オフ × 和風スイーツ

あんこやお餅も糖質オフに!?
糖質を極限まで減らした材料と作り方は、
試行錯誤の連続。
とっておきの和風スイーツのレシピを
お楽しみください。

チーズと小豆、ずんだ、2種類のあんがベストマッチ！

リコッタチーズ入りどら焼（2種）

カロリー
96kcal 1個分
ロカボ糖質
6.1g 1個分
ずんだあん

カロリー
130kcal 1個分
ロカボ糖質
9.5g 1個分
小豆あん

材料 （各4個分）

どら焼きの皮（16枚分）
卵……………………………… 1個
アーモンドミルク…………… 100ml
ラカントS…………………… 30g
A ┌ 低糖質お菓子用ミックス … 80g
　├ アーモンドパウダー ……… 20g
　├ 薄力粉……………………… 20g
　└ ベーキングパウダー ……… 4g
サラダ油……………………… 適量

小豆あん（4個分）
無糖ゆで小豆………………… 40g
リコッタチーズ……………… 30g
マービー……………………… 10g

ずんだあん（4個分）
冷凍枝豆（さやなし）……… 30g
リコッタチーズ……………… 30g
マービー……………………… 10g

作り方

小豆あんの作り方

1 鍋に無糖ゆで小豆とマービー10g
を入れ中火で加熱し、マービーが
溶けたら火を止め冷ましておく。

2 リコッタチーズと1を合わせて4等
分に丸めておく。

ずんだあんの準備・作り方

・冷凍枝豆（さやなし）は電子レン
ジ600Wで1分加熱する。

1 枝豆をフードプロセッサーで粉砕し、
マービー10gと合わせて電子レンジ
600Wで30秒加熱する。

2 1が冷めたら、リコッタチーズと合
わせて4等分に丸めておく。

どら焼きの皮の作り方

1 ボウルに卵とアーモンドミルク、
ラカントSを泡立て器で混ぜる。

2 ラカントSが溶けたところに、ふ
るったAを入れ、ダマにならない
ように混ぜる。

3 直径18cmのコーティング加工のフ
ライパンを中火で熱し、サラダ油
をうすくひく。

4 フライパンが温まったら弱火にす
る。そこに玉じゃくしですくった
生地を直径5cmぐらいの丸になる
よう流し入れて焼く。これを4個
分作る。

5 表面に少し穴が開いてきたら、フ
ライ返しで焼き色を確かめながら
ひっくり返す。焼けたら、重なら
ないようにバットに取り出し、粗
熱を取る。これを4回繰り返して
16枚焼く。

6 生地を2枚1組にして、小豆あんと
ずんだあんを間に挟む。

ポイント

・後味をおいしくするためマービーを
使用。より低糖質にしたい方は、ラ
カントSで代用可。

「そばぼうろ」をイメージして作り上げた一品。
アーモンドパウダーとくるみパウダーの風味も良い

そば茶のプチプチ感が個性的

そば茶のクッキー

カロリー
77kcal 1個分
ロカボ糖質
1.1g 1個分

材料 （16個分）

無塩バター…… 90g
ラカントS…… 15g
A
- アーモンドパウダー…… 30g
- くるみパウダー…… 30g
- おからパウダー…… 30g
- そば茶…… 15g

準備

- オーブンを170°Cに予熱しておく。
- バターを室温にしておく。
- Aをボウルに入れ、泡立て器で混ぜておく。

作り方

1 ボウルにバターとラカントSを入れ、ハンドミキサーで白っぽくなるまで混ぜたら、Aを入れゴムべらで混ぜる。

2 生地を16等分に丸めてクッキングシートを敷いた天板に並べ、170°Cのオーブンで15分焼く。

ポイント

- 小麦粉の代わりに食物繊維豊富なおからパウダーを使うことで低糖質に。

モチモチの食感とあんの甘さが本格的

いちご大福・抹茶大福

カロリー	
54kcal	1個分

ロカボ糖質	
5.9g	1個分

抹茶大福

カロリー	
86kcal	1個分

ロカボ糖質	
5.8g	1個分

いちご大福

お餅の材料に糖質 0g 麺を使用し、もちもち感を再現

材料 （各 5 個分）

A ┌ 糖質 0g 麺（平麺）…………… 1 袋
　│ サイリウム…………………… 5g
　│ おからパウダー（微粒）……… 5g
　└ ラカントホワイト…………… 40g
白玉粉………………………………… 50g
水…………………………………… 45ml
無塩バター………………………… 20g
抹茶パウダー……………… 小さじ 1/3
湯…………………………………… 少々
B ┌ 無糖ゆで小豆 …………… 170g
　└ ラカント S ………………… 40g
C ┌ 生クリーム………………… 50ml
　└ ラカント S ………………… 大さじ 1/4
いちご (小) …………………… 5 個
※ C は 15 個の分量ですが、ここでは
5 個分のみ使用しています。

準備

・ボウルに白玉粉と水を入れ、指で混
　ぜてひとかたまりにしておく (a)。
・C をハンドミキサーで泡立て、丸口
　をつけた絞り袋に入れて、クッキン
　グシートを敷いたバットに 15 個分絞
　り、冷凍しておく。
・いちごは洗ってへたを取り、水分を
　取っておく。
・抹茶パウダーは湯で溶かしておく (b)。

作り方

1　低糖あん 2 種を作る。
① 鍋に B を入れ中火で加熱し、ラカ
　ントS が溶けたら火を止める。
② ①を冷蔵庫で冷まし、10 等分に丸
　める。
③ 凍った C の 5 個分を②のあんで包み、
　抹茶大福のあんを作る (c)。

④ ②の残り 5 個分でいちごを包む (d)。
2　A と (a) をフードプロセッサーに入
　れ、ひとかたまりになるまで混ぜ
　耐熱容器に移し、電子レンジ 500W
　で 2 分加熱する。
3　バターを加えゴムべらで混ぜ、2 等
　分にする。
4　3 の半分に (b) を加え、ゴムべらで
　混ぜ 5 等分にする。
5　手水をつけて 4 の 1 個を広げ、(c) を
　包む。残り 4 個分も同様に仕上げる。
6　3 の残りを 5 等分にし、手水をつけ
　て 1 個を広げ、(d) を包む。残り 4
　個分も同様に仕上げる。

ポイント

・餅を糖質 0g 麺と白玉粉のダブル使い
　で糖質オフに。
・お餅をより白く仕上げるためにラカ
　ントホワイトを使用。

糖質 0g 麺（株式会社紀文食品）

クセのない白花豆と甘酒がベストマッチ

白花豆と甘酒の水羊羹

カロリー
22.6kcal 1切れ

ロカボ糖質
4.1g 1切れ

1/10切れ分

材料 （流し缶1台分）

白花豆……………………………… 40g
甘酒………………………………… 200ml
ラカントS………………………… 20g
粉寒天……………………………… 3g
水…………………………………… 200ml

準備

・白花豆はかぶるくらいの水（分量外）
　に一晩浸しておく。

作り方

1　一晩浸した白花豆を水ごと鍋に移
　　し強火で沸騰させる。弱火にして
　　30分~1時間柔らかくなるまで茹
　　でる。

2　別の鍋に水と粉寒天を入れ、中火
　　で加熱し、ゴムべらで混ぜながら
　　溶かす。

3　汁を切った1と甘酒をフードプロ
　　セッサーにかけてなめらかなペー
　　スト状にする。

4　3に2を加えて泡立て器で混ぜ、流
　　し缶に入れ、一晩冷蔵庫で冷やし
　　固める。

ポイント

・白花豆は生だと健康被害を及ぼしか
　ねないので、しっかり加熱すること。

とろーりムースと濃厚なクッキーで満足

抹茶のムース

見た目も華やかな一品。
お客様へのおもてなしにも

材料 （カップ4個分）

抹茶ムース

無調整豆乳	250ml
ラカントS	30g
抹茶パウダー	10g
粉ゼラチン	5g
水	25ml
A 生クリーム	150ml
┗ ラカントS	10g

低糖質小豆

無糖ゆで小豆	50g
ラカントS	13g

抹茶スノーボウルクッキー（12個分）

低糖質お菓子用ミックス	30g
アーモンドパウダー	15g
抹茶パウダー	3g
溶かしバター	24g
ラカントS	18g

仕上げ

B 生クリーム	50ml
┗ ラカントS	小さじ1

準備

・粉ゼラチンは水でふやかしておく。
・Aをボウルに入れハンドミキサーでスジが入るくらいに泡立てておく。
・Bをボウルに入れしっかり泡立て、星型の口金をつけた絞り袋に入れておく(a)。

作り方

1 低糖質小豆を作る。
鍋に材料を入れ、中火で加熱しながらゴムべらで混ぜ、ラカントSが溶けたら火を止め、冷蔵庫で冷ます。

2 抹茶ムースを作る。
① ボウルにふるった抹茶とラカントSを入れ、泡立て器で混ぜ、豆乳を少しずつ入れて混ぜる。

② ①を鍋に入れ、中火で加熱しながらゴムべらで混ぜ、ラカントSが溶けたら、漉し器で漉す。ゼラチンを入れて混ぜ、氷水をあてながら粗熱を取り、泡立て器でAのホイップクリームを数回に分けて混ぜる。

③ ②を絞り袋に入れ、少量ずつカップの底に絞り、低糖質小豆の半量を4等分にして入れる。

④ 絞り袋の残りをカップに均等に絞り、冷蔵庫で冷やし固める。

3 抹茶スノーボウルクッキーを作る。
① 材料をボウルに入れゴムべらで混ぜ、全体がひとかたまりになってきたら手で丸めて棒状にし、ラップで包んで冷蔵庫で15分冷やし固める。

② 生地を12等分にカットし、丸めて表面をおさえ、クッキングシートを敷いた天板にのせ、170℃に予熱したオーブンで15分焼く。

4 仕上げる。
① ムースの上に(a)のホイップクリームを絞り、抹茶スノーボウルクッキーを1個のせる。

② 2の③で残った低糖質小豆を4等分にして上にのせ、茶漉しで抹茶パウダーをふるう。

ポイント

・ムースのゼラチンは冷やしたままだと固まります。ホイップクリームと同じくらいのかたさで混ぜましょう。

糖質オフ
×
アジアンスイーツ

話題の台湾カステラや豆花（トウファ）をはじめ
日本でも人気のアジアンスイーツのレシピをご紹介。
白キクラゲやクコの実など
アジアらしい食材にも注目です。

ごまのプチプチ感と風味が絶妙!

ごまドーナツ

材料 (5個分)

溶き卵………………………………	15g
ラカントS…………………………	20g
無調整豆乳………………………	25ml
A 低糖質お菓子用ミックス……	50g
ベーキングパウダー 小さじ1/3	
白ごま……………………………	適量
揚げ油……………………………	適量

作り方

1 ボウルに溶き卵とラカントS、豆乳を入れて泡だて器で混ぜる。

2 Aをふるって1に入れ、ゴムべらでひとかたまりになるまで混ぜたら、5等分にしてスプーンで取り、白ごまをまぶして丸くする。

3 フライパンに揚げ油を160℃に温め、2を3分〜5分、中に火が通るまでしっかり揚げる。このとき揚げ色が濃くなるようなら温度を下げる。

ポイント

・ごまをつけずに揚げると、サーターアンダギーのようになります。

滑らかな豆花とあずき、蒟蒻タピオカがマッチ

豆花と小豆のぜんざい
(トゥファ)

「豆花」とは台湾の伝統的ヘルシースイーツ

材料　（4人分）

豆花

無調整豆乳……………………………	200ml
絹豆腐…………………………………	50g
粉ゼラチン……………………………	2.5g
水………………………………………	30ml
ラカントS…………………	大さじ1/2

シロップ

あまみちゃん…………………………	20g
水………………………………………	130ml
ラカントSシロップ　……	大さじ$1\frac{1}{3}$

低糖質あん

無糖ゆで小豆…………………………	55g
ラカントS……………………………	15g

仕上げ

ぷるるん蒟蒻タピオカ……………	48g

準備

・粉ゼラチンは分量の水を加えてふや
　かしておく。

作り方

1　豆花を作る。

① 豆乳と絹豆腐をフードプロセッ
　 サーで粉砕し、漉し器で漉して鍋
　 に入れる。

② ①の鍋にふやかした粉ゼラチンと
　 ラカントSを入れ中火で加熱し、す
　 べてを溶かしたら、ボウルに入れ
　 て冷蔵庫で冷やし固める。

2　シロップを作る。

① コーティング加工のフライパンに
　 あまみちゃんと水大さじ1（分量外）
　 を入れ強火で加熱し、きつね色に
　 なったら水を加えて全体を溶かす。

② そこにラカントSシロップを入れ
　 て混ぜたら、冷蔵庫で冷やす。

3　低糖質あんを作る。

鍋に無糖ゆで小豆とラカントSを
入れ、中火で加熱してラカントS
が溶けたら火を止め、冷蔵庫で冷
ましておく。

4　仕上げる。

器に豆花をすくい入れ、シロップ
を注ぎ、低糖質あんとぷるるん蒟
蒻タピオカをのせる。

ポイント

・あまみちゃんをカラメルにすること
　で黒糖のシロップを再現。

ぷるるん蒟蒻タピオカ
（ぜいたく庵）

カステラとプリンのふわふわ食感がたまらない

台湾カステラ

カロリー
150kcal 1切れ

ロカボ糖質
5.8g 1切れ

1/10切れ分

日本でも話題の台湾カステラ

材料　（18cm 角型 1 台分）

卵……………………………… 5 個
ラカント S ……………………… 50g
マービー………………………… 50g
A ┌ 低糖質お菓子用ミックス … 35g
　├ 大豆粉………………………… 30g
　└ 薄力粉………………………… 30g
太白胡麻油……………………… 70ml
牛乳……………………………… 85ml
バニラエッセンス……………… 少々

準備

・A をふるっておく。
・オーブンを150℃に予熱しておく。
・卵は室温に戻しておく。
・バットに角型を置き、クッキングシートを敷いておく。

作り方

1 卵白と卵黄に分ける。
2 鍋に太白胡麻油を入れ、80℃に温める。
3 卵白とマービー、ラカントホワイトをハンドミキサーで泡立てる。このときに、生クリームくらいのかたさであまり泡立てすぎないように気をつける。
4 2をボウルに移し入れ、冷たい牛乳を入れて泡立て器で混ぜる。そこにAの粉類を入れ、温かいうちに混ぜる。
5 卵黄を2~3回に分けて入れ、泡立て器で混ぜる。
6 3のメレンゲを5のボウルに一度に入れ、混ぜる。
7 準備しておいた角型に6を流し入れる。
8 天板に80℃以上のお湯を2cmの高さに入れ、7を置き、150℃のオーブンで30分湯煎焼きにする。
9 表面が焦げないように8の表面にアルミホイルを被せて、さらに20分焼く。
10 焼き上がったらオーブンから出し、粗熱が取れたら型からはずす。

ポイント

・焼くときは、角型をおいたバットに水が入らないように！

本格的な中国のアーモンドクッキーを糖質オフで再現

中華風クッキー

カロリー
66kcal 1枚分

ロカボ糖質
2.0g 1枚分

材料 （5cmのクッキー型25枚分）

太白胡麻油……………………… 70g
ラード……………………………… 10g
ラカントS……………………… 70g
卵………………………………… 1個
A ┌ 低糖質お菓子用ミックス…… 120g
  │ アーモンドパウダー………… 40g
  └ 薄力粉………………………… 40g
アーモンド………………………25個

準備

・オーブンを180℃に予熱しておく。
・ラードは溶かしておく。
・Aをふるっておく。
・卵は溶いておく。

作り方

1 ボウルに太白胡麻油、ラード、ラカントSを入れ、泡立て器で混ぜたら卵を少しずつ加え混ぜる。

2 1にAを入れ、ゴムべらで混ぜ、生地をひとまとめにする。

3 生地を手で丸めて、クッキングシートに出し、ラップを被せて麺棒で5mmの厚さにのばす。

4 3をクッキー型で抜き、表面にそれぞれアーモンドをおさえつける。

5 180℃のオーブンで15分焼く。

ポイント

・油分の多い生地なので冷蔵庫に入れる必要はなし。クッキー型で簡単に抜けます。

サイリウムの成分はほとんどが食物繊維。
便秘にも効く優良スイーツ

白ワインの風味と白キクラゲ、牛乳餅がマッチ

白キクラゲと牛乳餅

カロリー
40kcal 1人分

ロカボ糖質
3.7g 1人分

材料 （5人分）

白キクラゲ……………………………… 4g
クコの実……………………………… 15粒
A ┌ 水……………………………… 150ml
　├ ラカントホワイト…………… 15g
　└ 白ワイン…………………… 100ml
B ┌ サイリウム………………………… 3g
　├ ラカントホワイト……… 大さじ1
　└ 牛乳………………………… 100ml

準備

・クコの実は水で戻しておく。

作り方

1 白キクラゲは水で戻し、食べやすい大きさに切り、ザルに上げておく。

2 鍋に白キクラゲとそれがかぶる量の水を入れ、中火で加熱する。

3 沸騰したらふたをして、弱火で40分加熱し、ザルにあげる。

4 3を鍋に戻し、Aを入れて沸騰したら弱火で10分煮て、冷蔵庫で冷やす。

5 鍋にBを入れて中火で加熱し、全体がひとかたまりになったら氷水に入れ、手で小さく切り分ける。

6 器に4と5の牛乳餅を盛りつけ、クコの実をのせる。

ポイント

・牛乳餅はサイリウムを使うことでぷるぷるに。

黒すりごまと練りごまで風味豊かな仕上がりに！

ココナッツ団子

材料 （5個分）

団子

A ┌ 糖質0g麺（平麺）………… 1/2袋
　│ おからパウダー（微粒）…… 2.5g
　│ サイリウム……………………… 2.5g
　│ 白玉粉……………………………… 25g
　│ 水……………………… 大さじ1½
　│ ラカントS …………… 大さじ1½
　└ ココナッツクリーム………… 15g

黒ごまあん

B ┌ 無糖ゆで小豆………………… 70g
　│ ラカントS ………………… 20g
　└ 塩 ……………………………… 少々

C ┌ 黒ねりごま…………… 小さじ1
　└ 黒すりごま…………… 大さじ1

ココナッツファイン……………… 10g
クコの実…………… 5個（水で戻す）

作り方

1 黒ごまあんを作る。

① Bをすべて鍋に入れ、中火で煮つめ
　る。このとき、ゴムべらで小豆を
　好みの大きさにつぶしたらCを加
　えてよく混ぜ、バットに移して冷
　ましておく。

② 粗熱が取れたら5個に丸めて冷凍庫
　に入れておく。

2 団子を作る。

① フードプロセッサーにAを入れて
　よく混ぜたら耐熱容器に移し、ラッ
　プをして電子レンジ500Wで2分
　30秒加熱する。

② ①を5等分にして丸く伸ばし、冷
　凍庫でかためた黒ごまあんを包み、
　ココナッツファインをまわりにつ
　け、クコの実を飾る。

ポイント

・サイリウムと白玉粉のダブル使いで
　のびのよいもちもち生地に。

糖質オフ

×

パン

6

"糖質オフのパンはおいしくない"
というイメージをくつがえす、
おいしい糖質オフのパンが完成！
とにかくもちもちしたパン生地が
やめられないほどおいしいのです。

豆腐と豆乳ヨーグルトでしっとり食べ応えあり

コロコロひとくちドーナツ

カロリー
72kcal 1個分

ロカボ糖質
1.7g 1個分

材料 （直径4cmのもの18個分）

ドーナツ生地

ふすまパンミックス	70g
強力粉	20g
アーモンドパウダー	30g
おからパウダー（微粒）	20g
ドライイースト	2g
ベーキングパウダー	2g
塩	0.5g
豆乳ヨーグルト（無糖）	30g
絹豆腐（水切り不要）	50g
ラカントS	30g
無塩バター（室温）	30g
溶き卵（室温）	25g
ぬるま湯	50ml+α
揚げ油	適量

トッピング

あまみちゃん	5g
マービー	5g

作り方

1 揚げ油以外のドーナツ生地の材料をすべてフードプロセッサーのパンこね機能、もしくは手ごねでよく混ぜる。

2 1をひとまとめにして電子レンジの発酵機能45℃で40分発酵させる（一次発酵）。

3 一次発酵が終わったら18等分にして丸める。

4 3を電子レンジの発酵機能45℃で40分発酵させる（二次発酵）。

5 フライパンに2cm程度の油を入れて4を低温（160℃）で揚げる。

6 油を切って少し冷ました5にトッピングをまぶす。

ポイント

・トッピングにマービーを加えることで、ラカント独特のひんやり食感が軽減。さらにおいしさアップ！

ザクザククッキーとふんわりパンの食感を楽しんで

紅茶のミニメロンパン

カロリー
100kcal 1個分

ロカボ糖質
1.9g 1個分

材料 （12個分）

パン生地

ふすまパンミックス………………	90g
アーモンドパウダー………………	10g
強力粉………………………………	10g
ドライイースト……………………	2.5g
塩……………………………………	0.5g
ラカントS…………………………	15g
無塩バター…………………………	17g
溶き卵………………………………	24g
ぬるま湯………………………100ml＋α

クッキー生地

A ┌ 低糖質お菓子用ミックス……	40g
├ アーモンドパウダー…………	20g
├ 塩…………………………………	少々
├ ベーキングパウダー……………	1g
└ アールグレイ茶葉（微細）……	2g
ラカントS…………………………	60g
無塩バター…………………………	40g
溶き卵………………………………	15g
バニラオイル………………………	少々

仕上げ

水（霧吹き用）……………………	適量
ラカントホワイト…………………	適量

準備

- 無塩バターと卵（パン用・クッキー用）は室温にしておく。
- Aをふるっておく。

作り方

1　パン生地の材料をすべてフードプロセッサーのパンこね機能、もしくは手ごねでよく混ぜる。

2　こねたパン生地をひとまとめにして電子レンジの発酵機能45℃で40分発酵させる（一次発酵）。

3　クッキー生地を作る。

① 無塩バターにラカントSを加え、泡立て器でよく混ぜる。そこに溶き卵を少しずつ加えてよく混ぜ、さらにふるったAの粉類とバニラオイルも加えてゴムべらで混ぜたら、ひとまとめにしてラップで包み、冷蔵庫に入れる。

② 二次発酵が終わる前に取り出して12等分にして丸める。

4　一次発酵が終わったら12等分に丸く成型し、電子レンジの発酵機能45℃で40分発酵させる（二次発酵）。

5　成形する。

① 丸めたクッキー生地の1つ分を麺棒で丸くのばし、片面にラカントホワイトをつける。

② 二次発酵した4のパン生地の表面に軽く霧を吹いて、ラカントホワイトがついた面を上にして①のクッキー生地を被せる。同様に残り11個も仕上げる。

6　170℃に余熱したオーブンで15分焼く。

7　焼き上がったらスパテラで網に移す。冷めるまでそのままにしておく。

ポイント

- アールグレイの茶葉を混ぜ込んだクッキー生地とあわせて、パンのふすま感を軽減。

生地に豆乳ヨーグルトを加えてふんわり生地に

アップルシナモンレーズンパン

材料 （6 個取りマフィン型 1 台分）

パン生地

ふすまパンミックス	90g
アーモンドパウダー	20g
おからパウダー（微粒）	20g
ドライイースト	4g
塩	1.5g
ラカント S	30g
豆乳ヨーグルト（無糖）	30g
無塩バター	30g
溶き卵	1 個
ぬるま湯	100ml+α

フィリング

りんご（紅玉）	120g
無塩バター	10g
あまみちゃん	25g
シナモンパウダー	0.5g
ラムレーズン（※1個につき8粒使用）	30g

アイシング

クリームチーズ	18g
あまみちゃん	20g
水	小さじ 1
生クリーム	10ml
レモン汁	小さじ 1/4

トッピング

ローストスライスアーモンド	5g

準備

・豆乳ヨーグルト、無塩バター、溶き卵、クリームチーズは室温にしておく。

・パン生地の材料の溶き卵を大さじ 1/2 取り分けて置く。

作り方

1 フィリングを作る。

① 紅玉は1cmの角切りにする。

② コーティング加工のフライパンに①とラムレーズン以外の材料を入れて炒め、りんごの水分を煮飛ばす。

③ バットに移して冷まし、6等分にしておく。

2 パン生地の材料をすべてフードプロセッサーのパンこね機能、もしくは手ごねでよく混ぜる。

3 2をひとまとめにして電子レンジの発酵機能45℃で40分発酵させる（一次発酵）。

4 3を6等分にして、縦15cm×横12cmに伸ばし、手前に1/6のフィリングとラムレーズンを置く（下のイラスト参照）。

5 ひと巻きして残った部分に縦に切り込みを8本入れ、丸めて輪にする。残りの生地も同様に作る（下のイラスト参照）。

6 5の巻き終わりを下にして、マフィン型に並べる。

7 電子レンジの発酵機能45℃で6の生地を40分発酵させる（二次発酵）。

8 大さじ1/2残しておいた溶き卵を7の表面に刷毛で塗り、180℃に余熱したオーブンで17分焼く。

9 アイシングの材料をすべて混ぜ、絞り袋に入れ、冷めたパンに絞り、ローストスライスアーモンドをトッピングする。

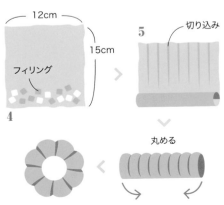

しっかり甘味のある低糖質あんと
たっぷり生クリームで食べ応え満点！

生クリームあんパン

材料 （5個分）

パン生地

ふすまパンミックス	90g
アーモンドパウダー	10g
ココアパウダー	2.5g
ドライイースト	2.5g
塩	0.5g
ラカントS	15g
無塩バター	17.5g
クリームチーズ	15g
溶き卵	25g
ぬるま湯	100ml+α

低糖質あん（作りやすい量）

無糖ゆで小豆	100g
ラカントS	30g
塩	少々

ホイップクリーム

生クリーム	100ml
ラカントS	大さじ1/2

仕上げ

黒ごま	適量

準備

・パン生地の材料の溶き卵を小さじ1取り分けておく（b）。
・無塩バター・クリームチーズ・卵は室温にしておく。
・ホイップクリームの材料をボウルに入れ、ハンドミキサーでしっかり泡立て、シュークリーム口金をつけた絞り袋に入れておく。

作り方

1 低糖質あんを作る。
① 低糖質あんの材料をすべて鍋に入れ、中火で少し煮つめ、ゴムべらで小豆を好みの大きさにつぶす。
② ①をバットに移し、粗熱が取れたら20gずつに丸めて冷蔵庫に入れておく（a）。

2 パン生地の材料をすべてフードプロセッサーのパンこね機能、もしくは手ごねでよく混ぜる。

3 2をひとまとめにして電子レンジの発酵機能45℃で40分発酵させる（一次発酵）。

4 3を5等分にして1の（a）を包んで丸め、電子レンジの発酵機能45℃で40分発酵させる（二次発酵）。

5 （b）の溶き卵を刷毛で塗り、黒ごまをつけて170℃に余熱したオーブンで15分焼く。

6 焼き上がったら、スパテラで網に移して冷ます。

7 パンの底側に箸で穴を開け、準備していたホイップクリームを20gずつつめる。

ポイント

・アーモンドパウダーとココアパウダーを生地に加えてふすま感を軽減。

卵不使用なので卵アレルギーの方でも大丈夫

ブルーベリーパン

カロリー
181kcal 1個分
ロカボ糖質
7.9g 1個分

材料 （6個分）

パン生地

ふすまパンミックス	90g
強力粉	30g
アーモンドパウダー	30g
ドライイースト	3g
塩	2g
ラカントS	30g
ココナッツオイル	30ml
ぬるま湯	120ml+α

フィリング

A	冷凍ブルーベリー	15g
	マービー	5g
クリームチーズ		24g
ドライブルーベリー		12g(4粒ずつ)

準備

・クリームチーズを室温に戻しておく。

作り方

1 Aを耐熱容器に入れて電子レンジ500Wで1分加熱し、混ぜておく。

2 パン生地の材料をすべてフードプロセッサーのパンこね機能、もしくは手ごねでよく混ぜる。

3 2をひとまとめにして電子レンジの発酵機能45℃で40分発酵させる（一次発酵）。

4 3を6等分にして縦15cm×横10cmに伸ばし、周り1.5cm残してクリームチーズを全体に塗ったら1を塗る。ドライブルーベリーを散らし縦半分に折りたたんで周りを閉じる（下のイラスト参照）。

5 カードで上下2cmを空けて中央に縦に2本切れ目を入れ、ねじりながら輪にして閉じる（下のイラスト参照）。

6 電子レンジの発酵機能45℃で40分発酵させる（二次発酵）。

7 170℃に余熱したオーブンで15分焼く。

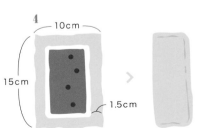

クリームチーズと1を塗る。ドライブルーベリーを散らす

たて半分に折って周りを閉じる

カードで切れ目を入れる

雑巾絞りのようにねじる

両端をつけて輪にする

糖質オフ
×
アイスクリーム

「糖質制限している方にも
おいしいアイスを食べてもらいたい」、
そんな想いで試行錯誤を重ね、
作り上げたレシピです。

きなこ味がしっかり

豆腐きなこアイス

カロリー
109kcal 1個分

ロカボ糖質
1.0g 1個分

材料 （カップ6個分）

絹豆腐……………………… 120g
きなこ……………………… 20g
生クリーム……………… 100ml
卵白………………………… 1個
ラカントS……………… 大さじ3

準備

・絹豆腐の水分はキッチンペーパーで
　拭き取っておく。

作り方

1 ボウルに生クリームとラカントS
　の半量を入れ、ハンドミキサーで
　スジが入るくらい泡立てる。

2 別のボウルに卵白と残りのラカン
　トSを入れ、ハンドミキサーで角
　が立つまで泡立てる。

3 フードプロセッサーに絹豆腐を入
　れペースト状にし、きなこと1を加
　え混ぜたらボウルに出し、2のメレ
　ンゲ1/3を入れ泡立て器で混ぜる。
　それを2のボウルに戻し、ゴムべら
　で切るように混ぜる。

4 容器に入れ、冷凍庫で2時間冷やし
　固める。

ポイント

・豆腐の水切りは不要。

卵黄とアーモンドミルクでリッチな味わい

バニラアーモンドミルク
アイスクリーム

材料 （カップ5個分）

卵黄……………………………… 2個
アーモンドミルク……………… 100ml
ラカントS……………………… 20g
バニラエッセンス……………… 少々
板ゼラチン……………………… 2g
A ┌ 生クリーム………………… 100ml
　└ マービー…………………… 20g

準備

・板ゼラチンは氷水でふやかしておく。

作り方

1　鍋にアーモンドミルクとラカントS
　を入れ、中火で加熱しながら混ぜ
　て全体を溶かす。

2　ボウルに卵黄と1を入れ、泡立て器
　で混ぜる。

3　2を1の鍋に戻し、中火で加熱し、
　混ぜながらとろみが出てきたら火
　を止める。

4　3を漉し器で漉して板ゼラチンを入
　れて溶かす。

5　4にバニラエッセンスを加え、ボウ
　ルの底を氷水で浸し、混ぜながら
　冷ます。

6　Aの生クリームとマービーをハンド
　ミキサーでスジが入るくらいに泡
　立てる。

7　6に5を入れ、泡立て器で混ぜ、容
　器に移して、冷凍庫で2時間冷やし
　固める。

ポイント

・後味をよりおいしくするためマー
　ビーを使用。より低糖質に仕上げた
　い方は、ラカントSで代用可。

大人リッチなチョコレートに大満足♡

チョコレートアイスクリーム

カロリー
179.6kcal 1個分

ロカボ糖質
3.8g 1個分

材料 （カップ5個分）

A ┌ 牛乳‥‥‥‥‥‥‥‥‥‥‥‥ 150ml
　├ ラカントS‥‥‥‥‥‥‥‥‥‥ 20g
　└ 86%チョコレート‥‥‥‥‥‥ 30g
B ┌ 生クリーム‥‥‥‥‥‥‥‥‥ 100ml
　└ マービー‥‥‥‥‥‥‥‥‥‥ 20g
卵黄‥‥‥‥‥‥‥‥‥‥‥‥‥‥ 2個
バニラエッセンス‥‥‥‥‥‥‥‥ 少々
板ゼラチン‥‥‥‥‥‥‥‥‥‥‥ 2g

準備

・板ゼラチンを氷水でふやかしておく。

作り方

1 Aを鍋に入れ中火で加熱し、チョコレートを溶かし、粗熱を取る。

2 Bをボウルに入れ、ハンドミキサーでスジが入るくらいに泡立てる。

3 卵黄にAを少しずつ入れながら泡立て器で混ぜて1の鍋に移し、中火で加熱しながらゴムべらで混ぜる。とろみが出てきたら火を止め、漉し器で漉して板ゼラチンを入れ溶かす。

4 ボウルに氷水をあてながら冷まし、バニラエッセンスを加えて2に混ぜる。

5 容器に入れ、冷凍庫で2時間冷やし固める。

ポイント

・後味をよりおいしくするためマービーを使用。より低糖質に仕上げたい方は、ラカントSで代用可。

いちご + チーズ + アイス……ベストな相性の最強アイス！

ストロベリーチーズクッキー
アイスクリーム

カロリー
176kcal 1個分

ロカボ糖質
4.6g 1個分

材料 （カップ6個分）

卵黄……………………………… 1個
アーモンドミルク……………… 50ml
ラカントS……………………… 20g
マスカルポーネ………………… 100g
バニラエッセンス……………… 少々
板ゼラチン……………………… 1g
A ┌ 生クリーム……………… 100ml
　└ マービー………………… 20g
B ┌ アーモンドパウダー……… 25g
　│ ラカントS……………… 小さじ2
　│ ラカントSシロップ…… 小さじ2
　└ ココナッツオイル……… 小さじ1
冷凍いちご……………………… 75g

準備

・板ゼラチンは氷水につけてふやかし
　ておく。
・ココナッツオイルは溶かしておく。

作り方

1 マスカルポーネアイスクリームを作る。
① 鍋にアーモンドミルクとラカントS
　を入れ、中火で加熱しながら混ぜ、
　全体を溶かす。
② 卵黄を入れたボウルに①を入れ、
　泡立て器で混ぜ、①の鍋に戻す。
③ 中火で加熱しながらゴムべらで混
　ぜ、とろみがついてきたら火を止
　め、漉し器で漉す。そこに板ゼラ
　チンを入れ、溶けたらボウルの底
　を氷水に浸して混ぜながら粗熱を
　取る。マスカルポーネとバニラエッ
　センスを加え、混ぜる。
④ ボウルにAの生クリームとマー
　ビーを入れ、ハンドミキサーでス
　ジが入るくらいに泡立てる。

⑤ ④に③を加え、泡立て器で混ぜ、
　バットに流し入れ、平らに広げる。
　冷凍庫に入れて90分おく。
2 アーモンドクッキーを作る。
① オーブンを200℃に予熱しておく。
② ボウルにBを入れ、ゴムべらで混
　ぜて全体がひとかたまりになった
　ら、クッキングシートを敷いた天
　板に指で細かくちぎって広げる。
③ ②をオーブンで5分焼き、室温で冷
　ます。
3 いちごシャーベットを作る。
　冷凍いちごをフードプロセッサー
　で粉砕する。
4 仕上げる。
　容器にアイスクリーム、アーモンド
　クッキー、いちごシャーベットの順
　番に重ね、冷凍庫で2時間冷やし固
　める。

ポイント

・後味をよりおいしくするためマービー
　を使用。より低糖質に仕上げたい方
　は、ラカントSで代用可。

オレンジの果肉と果汁を丸ごと使った贅沢アイス

オレンジアイスバー

カロリー
133kcal 1本分

ロカボ糖質
6.4g 1本分

アイスバーにすることで
手軽にいただける

材料 （アイスクリームサークル 4.5 本分）

卵黄……………………………………… 1 個
ラカント S ……………………………… 20g
オレンジ………………………………… 1 個
レモン汁………………………… 小さじ 2
コアントロー…………………… 小さじ 1
板ゼラチン……………………………… 1g
A 生クリーム………………… 100ml
　 マービー……………………… 20g

準備

・板ゼラチンは氷水でふやかしておく。

作り方

1 オレンジの果肉と果汁を取る。
① オレンジの両端を切り落とす。
② オレンジの皮を剥き、残った白いわたをそぎ取る。
③ 実と薄皮の間にナイフを入れ、実をはずしていく。
④ ③の残った皮を手で絞り果汁を取る。
2 オレンジの果汁と果肉をフードプロセッサーで粉砕し、漉し器で果汁と果肉に分ける。
3 鍋に卵黄、2の果汁、レモン汁、ラカントS、コアントローを入れ中火で加熱しながら、ゴムべらで混ぜる。
4 とろみがついてきたら火を止め、漉し器で漉し、ボウルに移したら、ふやかした板ゼラチンを入れ溶かす。
5 ボウルの底を氷水に浸し、混ぜながら粗熱を取る。
6 Aの生クリームとマービーをハンドミキサーでスジが入るくらいに泡立てる。

7 6に5と2の果肉を加え、泡立て器で混ぜる。
8 7をアイスクリームサークルに流し入れ、スティックをさして冷凍庫で2時間以上冷やし固める。

ポイント

・後味をよりおいしくするためマービーを使用。より低糖質に仕上げたい方は、ラカントSで代用可。

糖質オフ × 定番おやつ

クッキーやマフィン、チーズケーキに
ムースなど定番のおやつレシピ18選。
甘いものだけじゃなく
クラッカーなどしょっぱいおやつもあるので、
お好みのものからどうぞ。

ふんわりチョコクリームが甘味のアクセントに

ココアカップケーキ

カロリー
271kcal 1個分

ロカボ糖質
2.9g 1個分

材料 （クラフトカップ6個分）

卵		3個
A	ココナッツミルク	50ml
	ラカントS	70g
	バニラエッセンス	少々
	無塩バター	45g
B	アーモンドパウダー	60g
	おからパウダー	10g
	低糖質お菓子用ミックス	15g
	ベーキングパウダー	小さじ1/4
	ココアパウダー	大さじ2
	重曹	小さじ1/4
	塩	小さじ1/4
C	生クリーム	120ml
	ラカントS	10g
	ココアパウダー	大さじ1/2
ローストカカオニブ		適量

準備

・オーブンは190℃に予熱しておく。

・バターを湯煎で溶かしておく。

・クラフトカップ6個をマフィン型に入れておく。

作り方

1 ボウルに卵を入れ、フォークで混ぜる。

2 Aを入れ、混ぜる。

3 Bを粗めのザルでふるい入れ、ゴムべらで混ぜる。

4 カップ6個に3を流し入れ、190℃のオーブンで18分焼く。

5 4を網に移し、冷やす。

6 Cをボウルに入れ、ハンドミキサーで八分立てに泡立てる。

7 13mmの丸口をつけた絞り袋に6を入れ、5の上に絞る。

8 ローストカカオニブをのせる。

ポイント

・乾燥おからの代用として生おからを乾煎りして使ってもOK。

コーヒーや紅茶、ワインにも合う上品な味わい

アップルシナモンマフィン＆
無花果とブルーチーズのマフィン

カロリー
114kcal 1個分

ロカボ糖質
3.8g 1個分

アップルシナモン

カロリー
162kcal 1個分

ロカボ糖質
2.9g 1個分

無花果とブルーチーズ

材料 （6個取りマフィン型1台分）

卵……………………………… 1個
ラカントS……………………… 60g
太白胡麻油……………………… 70ml
無糖ヨーグルト（水切り不要）… 40g
無調整豆乳……………………… 30ml
A ┌ 大豆粉……………………… 40g
　│ アーモンドパウダー………… 40g
　│ 低糖質お菓子用ミックス…… 20g
　└ ベーキングパウダー…… 小さじ1
アップルシナモンマフィンのフィリング
りんご（できれば紅玉）… 1/4個（50g）
シナモンパウダー………… 小さじ1/4
無花果とブルーチーズマフィンのフィリング
生のイチジク…………………… 1/2個
（ドライイチジクの場合1½個）
ブルーチーズ…………………… 45g

準備

・Aをふるっておく。
・材料は室温に戻しておく。
・りんごは芯を取り、半分に切って、皮付きのまま2〜3mmにスライスし、シナモンパウダーをまぶす。
・生イチジクは皮付きのまま6等分に切る。ドライイチジクの場合は、赤ワインと水（分量外）を煮立てしばらく浸し、6等分に切る。
・ブルーチーズは9等分に切っておく。
・マフィン型にグラシン紙を敷く。
・オーブンは190℃に予熱しておく。

作り方

1 ボウルに卵とラカントSを加え、湯煎にかけて人肌に温まるまで泡立て器で混ぜる。

2 湯煎からはずしたら、ハンドミキサーでもったりするまで泡立てる。

3 太白胡麻油を3回に分けて加え、混ぜながら乳化させる。

4 無糖ヨーグルト、無調整豆乳を加え、ハンドミキサーで混ぜる。

5 Aを加え、ゴムべらで混ぜる。

6 5の生地を型の半分まで入れたら、アップルシナモンのほうにはりんごの1/3を入れ、イチジクとブルーチーズのほうには、ブルーチーズ1個ずつを入れ、残りの生地を流し入れる。

7 アップルシナモンのほうには、りんごの残りを生地の上から突き刺すようにのせ、イチジクとブルーチーズのほうには、イチジク2切れとブルーチーズ2個を少し埋めるようにのせる。

8 190℃のオーブンで18分焼く。竹串を刺して何もついてこなければ出来上がり。

ポイント

・豆乳も調整豆乳を無調整のものにすると糖質量は約1/2に。
・ドライイチジクを使った場合は、糖質量が上がります。

103

マスカルポーネの生地にナッツの食感がたまらない

マスカルポーネとナッツの
パウンドケーキ

カロリー
629kcal 1台分

ロカボ糖質
15.4g 1台分

材料 （パウンド型2台分）

マスカルポーネ…………………………	80g
無塩バター………………………………	50g
ラカントS………………………………	70g
ミックスナッツ…………………………	30g
卵白………………………………………	2個
卵黄………………………………………	2個
A ┌ 低糖質お菓子用ミックス……	80g
│ 薄力粉…………………………	20g
└ ベーキングパウダー ……	小さじ1

準備

・オーブンは、170℃に予熱しておく。
・ミックスナッツは包丁で粗く刻んで
　おく。
・マスカルポーネ、バターは室温にし
　ておく。
・Aを合わせてふるっておく。
・パウンド型にクッキングシートを敷
　いておく。

作り方

1 マスカルポーネとバターをハンド
　ミキサーで混ぜ、ラカントSを3回
　に分けて混ぜたら、卵黄を1個ずつ
　入れて混ぜる。

2 1にふるったAと刻んだミックス
　ナッツを入れ、ゴムべらで混ぜる。

3 別のボウルにハンドミキサーで卵
　白を泡立て、メレンゲを作る。

4 2の生地に3のメレンゲ1/3を入れ、
　ゴムべらで混ぜ、残りのメレンゲ
　を入れ、さらに切るように混ぜる。

5 4の生地をパウンド型2個に入れ、
　表面を平らにならし、170℃のオー
　ブンで25〜30分焼く。

ポイント

・ミックスナッツは、くるみ、アーモ
　ンド、ヘーゼルナッツの3種類で低糖
　質に抑えています。

ごろごろりんごのしっとり生地が秋にぴったり

アップルシナモン
パウンドケーキ

材料 （パウンド型1台分）

りんごのキャラメリーゼ

りんご（できれば紅玉）…………	1個
あまみちゃん………………………	20g
ラカントＳ…………………………	25g
生クリーム……………………	大さじ1

パウンドケーキ

キャラメリーゼしたりんご………	100g
ラカントＳ…………………………	70g
無糖ヨーグルト（水切り不要）…	20g
卵…………………………………	2個
無塩バター…………………………	50g
太白胡麻油…………………………	60ml
ラム酒……………………………	小さじ1
アーモンドスライス（トッピング用）…	4g
A 大豆粉 ………………………	40g
アーモンドパウダー…………	40g
低糖質お菓子用ミックス……	20g
ベーキングパウダー……	小さじ1
シナモンパウダー……	小さじ1/2

準備

・皮と芯を取り除いたりんごを1.5cm
角に切り、塩水に軽く浸してよく水
を切る。

・パウンド型にオーブンシートを敷く。

・パウンドケーキの無塩バターと卵は
室温に戻しておく。

・Aをふるっておく。

・オーブンは170℃に予熱しておく。

・卵は溶いておく。

作り方

1 りんごのキャラメリーゼを作る。

① 鍋にあまみちゃんとラカントＳを
入れ、強火にかけ、茶色く焦げて
きたら、りんごを入れて水分がな
くなるまで煮る。

② 水分がなくなったら生クリームを
入れ、1〜2分加熱して、冷まして
おく。

2 パウンドケーキの生地を作る。

① ボウルにバターとラカントＳを入
れ、ハンドミキサーで混ぜる。

② 溶き卵を2回に分けて入れ混ぜ、太白
胡麻油、無糖ヨーグルト、ラム酒を
入れ混ぜる。

③ Aを加えてゴムべらで切るように混
ぜる。

④ キャラメリーゼしたりんご100gを
加え混ぜる。

⑤ ④を型に入れ、170℃のオーブンで
35分焼く。

⑥ オーブンを160℃に下げて、アーモ
ンドスライスを散らし、さらに13
分焼く。

⑦ 中央に竹串を刺して何もついてこ
なければ出来上がり。まだのよう
なら焦げないよう全体にアルミホ
イルを被せてさらに5分ほど焼く。

⑧ 冷めたらラップで包んで一晩冷蔵
庫に置く。

ブラウニーとチーズケーキ、1つで2つの味が楽しめる

チーズブラウニー

カロリー
205kcal 1切れ

ロカボ糖質
2.1g 1切れ

1/12切れ分

材料 （パウンド型1台分）

ブラウニー
低糖質チョコレート（ビター）… 150g
無塩バター………………………… 50g
卵……………………………………… 1個
ラカントS………………………… 50g
生クリーム……………………… 20ml
大豆粉……………………………… 60g
チーズケーキ
クリームチーズ………………… 200g
ラカントS………………………… 40g
卵……………………………………… 1個
生クリーム……………………… 20ml
大豆粉……………………………… 10g

準備

・パウンド型にオーブンシートを敷く。
・材料は室温に戻しておく。
・大豆粉はふるっておく。
・オーブンは170℃に予熱しておく。

作り方

1 ブラウニーを作る。
　ボウルにバターとチョコレートを
　入れ、湯煎で溶けたら湯煎からは
　ずし、卵、ラカントS、生クリーム
　の順に加えて、ゴムべらで混ぜる。
　大豆粉を入れ、さっくり混ぜたら
　型に入れ、表面をゴムべらで平ら
　にする。

2 チーズケーキを作る。
① ボウルにクリームチーズとラカント
　Sを入れハンドミキサーで混ぜる。
② 卵、生クリームの順に加えて混ぜる。
③ 大豆粉を加え、ゴムべらでさっく
　りと混ぜる。
④ ブラウニー生地の上に流し入れ、
　表面をゴムべらで平らにする。
⑤ 170℃のオーブンで30分焼く。
⑥ 粗熱が取れたら型に入れたまま冷
　蔵庫で冷やす。

ポイント

・ココアではなく低糖質チョコレート
　を使用することで、食べ応え感もしっ
　かり！
・低糖質チョコレートはエリスリトー
　ルを使用のカカオ65％を使いました。
　おすすめはB.LABOの商品で、ネット
　で購入可。

ふわっとしたレアチーズと甘酸っぱいラズベリーソースの
マリアージュ

ラズベリーレアチーズケーキ

材料 （流し缶1台分）

レアチーズケーキ

クリームチーズ························ 200g
ラカントSシロップ················· 35g
バニラビーンズ······················· 1本
レモン汁····························· 40ml
ブランデー························· 大さじ1
無糖ヨーグルト（水切り不要）··· 100g
生クリーム························· 200ml
A ┌ 卵白······························· 1個
　└ ラカントSシロップ··········· 30g
粉ゼラチン···························· 10g
水································· 50ml

ラズベリーソース

冷凍ラズベリー····················· 110g
ラカントSシロップ················· 30g

準備

・クリームチーズは室温に戻しておく。
・粉ゼラチンを水でふやかしておく。
・バニラビーンズはさやから種をしごいて出す。
・生クリームはハンドミキサーで七分立てに泡立て冷蔵庫に入れておく。

作り方

1 ラズベリーソースを作る。
　鍋に冷凍ラズベリー、ラカントSシロップを入れてとろみがつくまで弱火で煮つめ、冷蔵庫に入れ冷やしておく。

2 レアチーズケーキを作る。
① ボウルにクリームチーズを入れ、ハンドミキサーでクリーム状にして、ラカントSシロップとバニラビーンズを加えて混ぜる。

② レモン汁とブランデーを入れて混ぜ、ヨーグルトを2〜3回に分けて混ぜる。

③ ゼラチンに②から大さじ4を取ったものを入れて湯煎で溶かし、溶けたら②に戻して手早く混ぜる。

④ 別のボウルにAを入れ、しっかりとしたメレンゲを作る。

⑤ ③に泡立てた生クリームを2回に分けて混ぜ、④のメレンゲを加えて切るようにゴムべらで混ぜる。

⑥ 流し缶に⑤を高さの半分まで入れたら、ラズベリーソース小さじ1を仕切りごとに入れ、残りの半量を加え、冷蔵庫で2時間以上冷やす。

3 仕上げる。
　仕切りをはずし、器に盛り、ラズベリーソースをかける。

ポイント

・食物繊維の豊富なラズベリーは、糖質量が少ない（100gあたり5.5g）おすすめのフルーツの一つです。
・ラカントSシロップを使うと、ムースやゼリーなどの冷たいお菓子は口当たりが滑らかに。

レモンの苦味と洋酒のコアントローで大人のデザートに！

ヨーグルトムースのオレンジ
レモンソースがけ

材料 （グラス6個分）

ヨーグルトムース

生クリーム……………………………	100ml
ラカントSシロップ………………	10g
粉ゼラチン……………………	小さじ2
水……………………………………	大さじ3
無糖ヨーグルト（水切り不要）…	200g
はちみつ…………………………	15g
ラカントSシロップ………………	15g

オレンジレモンソース

オレンジ……………………………	1½個
レモン汁……………………………	大さじ1
水…………………………………	60ml
ラカントSシロップ………………	65g
コアントロー………………	小さじ1/2

デコレーション

チャービルの葉…………………	適量

準備

・粉ゼラチンを水でふやかしておく。
・オレンジの果肉を取り出し、果汁も取っておく。

作り方

1 ヨーグルトムースを作る。

① ボウルに生クリームとラカントSシロップを入れ、ハンドミキサーで角が立つまで泡立てる。

② ゼラチンを湯煎で温めて溶かす。

③ 別のボウルに無糖ヨーグルト、はちみつ、ラカントSシロップを加え、ゴムベらで混ぜる。

④ ②に③から少量を取り、泡立て器で混ぜて③に戻し入れる。

⑤ ④に①を加え、ゴムべらで混ぜる。

⑥ ⑤をグラス6個に分けて入れ、冷蔵庫で3～4時間冷やす。

2 オレンジレモンソースを作る。

① 鍋にレモン汁、水、ラカントSシロップを入れ、弱火で1～2分煮立たせ、火からおろす。

② ①にオレンジの果肉と果汁、コアントローを加え粗熱を取り、冷蔵庫で冷やす。

3 仕上げる。

ヨーグルトムースの上にオレンジの果肉3つをのせ、2のソースをかけてチャービルを飾る。

ポイント

・オレンジやレモンなどの柑橘類は糖質量が少ないのでおすすめ。

メープルシロップとチョコチップの組み合わせが最高

チョコレートメープル
アーモンドバタークッキー

カロリー
79kcal 1枚分

ロカボ糖質
1.9g 1枚分

材料 （20枚分）

無塩バター………………………… 100g
メープルシロップ……………… 25ml
メープルフレーバー……………… 少々
ラカントS………………………… 30g
A ┌ 重曹………………… 小さじ1/2
  ├ アーモンドパウダー………… 30g
  ├ アーモンドダイス…………… 30g
  └ 低糖質お菓子用ミックス…… 60g
溶き卵……………………………… 25g
86%チョコレート………………… 40g

準備

・オーブンは、170℃に予熱しておく。
・バターは室温にしておく。
・チョコレートは包丁で刻んでおく。
・Aをふるっておく。

作り方

1 ボウルにバターとラカントS、メープルシロップを入れ、ハンドミキサーでしっかり混ぜる。
2 卵を少量ずつ入れ、混ぜる。
3 Aと刻んだチョコレートを入れ、ゴムべらで混ぜる。
4 3をティースプーンで20個に取り分け、クッキングシートを敷いた天板に並べる。
5 170℃のオーブンで10分焼く。

ポイント

・メープルシロップをラカントSシロップに変更すれば、より低糖質に仕上がります。
・メープルフレーバーはバニラエッセンスと同じタイプ。富澤商店で購入可。

濃厚ティラミスムースとブラックコーヒーの相性が抜群！

コーヒーゼリー入り
ティラミスムース

材料 （カップ4個分）

コーヒーゼリー
無糖ブラックコーヒー………… 300ml
粉ゼラチン……………………………… 5g
水……………………………… 大さじ2
ティラミスムース
マスカルポーネ………………… 125g
板ゼラチン……………………………… 2g
生クリーム……………………… 150ml
卵白……………………………… 1個
ラカントS……………………… 40g
仕上げ
ココアパウダー………………… 適量
巻きチョコ（市販品）………… 8本
ラズベリー……………………… 8粒
ブラックベリー………………… 4粒
チャービルの葉………………… 適量

準備

・粉ゼラチンは水を混ぜふやかしておく。
・板ゼラチンは氷水でふやかしておく。

作り方

1 無糖ブラックコーヒーゼリーを作る。

① 鍋にブラックコーヒーを入れ、中火で加熱し、ふやかしておいた粉ゼラチンを入れ溶かす。

② ①をバットに移し、冷蔵庫で冷やし固める。

2 ティラミスムースを作る。

① ふやかしておいた板ゼラチンを湯煎にかけて溶かす。

② ボウルに卵白とラカントSを入れ、ハンドミキサーでかためのメレンゲにする。

③ 別のボウルに生クリームを入れ、ハンドミキサーでスジが入るくらいに泡立てる。

④ ①の溶かしたゼラチンにマスカルポーネを少し入れ、泡立て器で混ぜたら、マスカルポーネに戻し、全体に混ぜる。

⑤ ④に③のホイップの1/3を加え、ゴムべらで混ぜたら、③に戻し全体を混ぜる。そこに②のメレンゲを入れ、ゴムべらで切るように混ぜる。

⑥ 4個のグラスにムース、コーヒーゼリー、ムースの順番に重ね入れ、冷蔵庫で2時間以上冷やし固める。

3 仕上げる。

ココアパウダーをふるい、ラズベリー、ブラックベリー、巻きチョコ、チャービルの葉を飾る。

ポイント

・巻きチョコを使わなければ、より糖質オフに。

オレンジとココアクリーム、間違いナシのおいしさ

オレンジシフォンケーキ

カロリー
210kcal 1切れ

ロカボ糖質
3.8g 1切れ

1/8切れ分

材料 （17cmシフォン型1台分）

シフォンケーキ生地

A ┌ 卵黄······························· 3個
　 └ ラカントS ······················· 30g
太白胡麻油······················· 30ml
低糖質お菓子用ミックス··········· 80g
B ┌ 卵白······························· 4個
　 └ ラカントS ······················· 40g
オレンジの皮····················· 1個分
オレンジ果汁····················· 30ml

デコレーション

C ┌ 生クリーム ···················· 150ml
　 │ ココアパウダー ············ 大さじ1
　 └ ラカントS ················ 大さじ1
くるみ···························· 15g
ミントの葉························· 適量

準備

・オーブンを170℃に予熱しておく。

作り方

1 オレンジを皮と果肉、果汁に分ける。

① オレンジは塩でこすり洗いをして、皮をすりおろし、両端を切り落とす。

② オレンジの皮を剥き、残った白いわたをそぎ取る。

③ 実と薄皮の間にナイフを入れ、実をはずしていく。

④ ③の残った皮を手で絞り、果汁を取る（果汁は30mlのみ使用）。

⑤ ①のすりおろしたオレンジの皮と④のオレンジ果汁30mlを合わせる（a）。

2 シフォンケーキ生地を作る。

① Aの卵黄とラカントSを白っぽくなるまでハンドミキサーで混ぜたら、太白胡麻油、（a）、低糖質お菓子用ミックスの順にハンドミキサーで混ぜる。

② Bの卵白のコシをきり、ラカントSを加える前に少しハンドミキサーで混ぜる。ラカントSの1/2を加えてメレンゲがおじぎをするまで攪拌する。残りのラカントSを加えて混ぜ、角が立つまで泡立てる。

③ ①に②のメレンゲの1/3を加え、ゴムべらで切るように混ぜる。残りのメレンゲの1/2を加え、マーブルになるまで切り混ぜる。

④ ②に③を戻し入れ、ゴムべらで切るように混ぜたらシフォン型に流し入れ、空気抜きをして170℃のオーブンで20分、160℃に下げて20分焼く。

⑤ 焼き上がりを確認し、逆さまにして冷ます。

3 デコレーションする。

① Cをボウルに入れハンドミキサーで七分立てに泡立てる。

② シフォンを型からはずし回転台に置き、①のホイップクリームでナッペ（※）する。

③ オレンジの果肉を斜め半分に切る。

④ ②の上にオレンジ、くるみ、ミントの葉を飾る。

ポイント

・メレンゲは数回に分けて入れますが、混ぜすぎないよう注意してください。

※ナッペ＝クリームなどをお菓子に塗っていく作業のこと。

いちごたっぷりの春色シフォン

いちごシフォンケーキ

カロリー
173kcal 1切れ

ロカボ糖質
3.8g 1切れ

1/8切れ分

材料 （17cmシフォン型1台分）

シフォンケーキ生地

A ┌ 卵黄························ 4個
　└ ラカントS ················· 20g
太白胡麻油························ 40ml
低糖質お菓子用ミックス··········· 60g
B ┌ いちご（冷凍可）·········· 100g
　└ レモン汁················· 少々
C ┌ 卵白 ····················· 4個
　└ ラカントS ················· 40g

いちごナパージュ

D ┌ いちご（冷凍可） ········ 5個(50g)
　├ ラカントS ···················· 25g
　└ サイリウム···················· 0.1g
板ゼラチン························ 3g

デコレーション

E ┌ 生クリーム ················ 200ml
　└ ラカントS ··············· 大さじ1
いちご····························· 5個
チャービル························ 適量

準備

・Bといちごナパージュのいちごを
　フードプロセッサーでピューレにし、
　100g（a）と50g（b）に分けておく。
・オーブンを170℃に予熱しておく。
・板ゼラチンを氷水でふやかしておく。

作り方

1 シフォンケーキ生地を作る。

① ボウルにAを入れ、ハンドミキサー
　で白っぽくクリーム状になるまで
　混ぜる。

② 太白胡麻油、ピューレ状のいちご
　（a）、低糖質お菓子用ミックスを加
　えハンドミキサーで混ぜる。

③ ボウルにCの卵白を加えてコシを
　きり、ラカントSを加える前に少
　しハンドミキサーで混ぜる。ラカ
　ントSの1/2を加えてメレンゲがお
　じぎをするまで攪拌する。残りの
　ラカントSを加えて混ぜ、角が立
　つまで泡立てる。

④ ②に③のメレンゲの1/3を加え、ゴ
　ムべらで切るように混ぜる。残り
　のメレンゲの1/2を加え、マーブル
　になるまで切り混ぜる。

⑤ ③に④を戻し入れ、ゴムべらで切
　るように混ぜる。

⑥ シフォン型に⑤の生地を流し入れ、
　トントンと底を台に打ちつけ空気
　を抜く。

⑦ 170℃のオーブンで20分焼き、さら
　に温度を160℃に下げて20分焼く。

⑧ 焼き上がったら逆さにして冷ます。

2 いちごナパージュを作る。

① 鍋にDを入れ、中火で加熱しなが
　らゴムべらで混ぜる。とろみがつ
　いてきたら火を止め、ふやかした
　板ゼラチンを入れ、溶かす。

② ①をボウルに移し、ボウルの底を
　氷水に浸して混ぜながら冷まし、
　絞り袋に入れる。

3 仕上げる。

① Eをボウルに入れ、ハンドミキサー
　で七分立てに泡立てる。

② シフォンケーキを型からはずし、回
　転台にのせ①のホイップクリームを
　少量残してまわりをナッペ（※）する。

③ ②の残ったホイップクリームを泡
　立て器でかたく泡立て、星型の絞
　り口を入れた絞り袋に入れる。

④ いちごナパージュの絞り袋の先を
　小さくカットし、シフォンケーキ
　のふちからドロップに絞り、残り
　を上部に絞ってスパテラで薄く広
　げる。

⑤ ③のホイップクリームを④の上に
　絞り、いちごとチャービルを飾る。

ポイント

・ナパージュのとろみをサイリウムで
　糖質オフに。

※ナッペ＝クリームなどをお菓子に
塗っていく作業のこと。

食べるのがもったいない、かわいいサクサククッキー

くまさんクッキー

カロリー
104kcal 1枚分

ロカボ糖質
3.3g 1枚分

材料 (8枚分)

卵………………………………	1/2個
シードミックス…………………	50g
低糖質お菓子用ミックス…………	50g
ベーキングパウダー………	小さじ1/4
ラカントS…………………………	40g
ココナッツオイル…………………	40g
チョコペン(黒)…………………	1本
チョコペン(白)…………………	1本

準備

・オーブンは、160℃に予熱しておく。
・チョコペンを湯煎で溶かしておく。

作り方

1 材料をすべてボウルに入れ、ゴム
  べらでひとかたまりになるまで混
  ぜる。

2 天板にクッキングシートを敷き、1
  の生地を8等分にし、その1個の
  3/4を顔に、1/4を耳に分け、形作っ
  て並べる。

3 2の生地を160℃のオーブンで20
  分焼く。

4 粗熱が取れたら、チョコペンでく
  まの顔を描く。

ポイント

・くまの顔にしたり、ぶたの顔にした
  りと、アレンジしながらお子さまと
  楽しめるレシピです。

甘くないスイーツ。塩味があとをひくおいしさ

ソフトプレッツェル

カロリー
152kcal 1個分

ロカボ糖質
3.5g 1個分

材料 （8個分）

A ┌ フレッシュモッツァレラチーズ … 100g
　 └ クリームチーズ……………… 25g

溶き卵……………………………… 40g

B ┌ アーモンドパウダー………… 100g
　 │ 低糖質お菓子用ミックス…… 80g
　 │ ベーキングパウダー…… 小さじ1
　 │ ガーリックパウダー 小さじ1/2
　 └ オニオンパウダー…… 小さじ1/2

粗海塩…………………………… 適量

溶き卵…………………………… 適量

ポイント

・乾燥バジルやドライトマトを練り込み、細長い棒状にして焼くと、イタリアンプレッツェルにアレンジできる。

準備

・オーブンは、220℃に予熱しておく。
・Bをふるっておく。

作り方

1　Aを耐熱容器に入れラップをして電子レンジ500Wで1分30秒温める。

2　1に溶き卵を入れ、ゴムべらで混ぜたらBを加え混ぜる。

3　8個に分割し、その1個を細長い棒状に伸ばしてハートのような形を作り、ハートの先をねじって生地にくっつけプレッツェルの形にする。

4　クッキングシートを敷いた天板に3を並べ、表面に溶いた卵を刷毛で塗り、粗海塩をパラパラとふる。

5　220℃のオーブンで12〜14分焼く。

レモンが香るしっとりサクサク生地がうれしい

マドレーヌ

カロリー
89.4kcal 1個分

ロカボ糖質
0.7g 1個分

材料 （マドレース型10個分）

A ┌ おからパウダー……………… 10g
　├ 低糖質お菓子用ミックス…… 20g
　├ アーモンドパウダー………… 20g
　└ ベーキングパウダー…………… 1g
無塩バター…………………………… 70g
レモンの皮……………………… 1/2個
卵…………………………………… 1個
ラカントS………………………… 40g
牛乳……………………………… 20g
スライスアーモンド……………… 適量

準備

・バターは溶かしておく。

・Aをふるっておく。

・レモンは塩でこすり洗いをして、皮
　をすりおろす。

・オーブンを190℃に予熱する。

作り方

1 ボウルに卵を入れ、泡立て器で溶きほぐし、レモンの皮、ラカントSを入れ混ぜる。

2 1に牛乳、Aの順に混ぜ、溶かしバターを2回に分けて入れ混ぜる。

3 ゴムべらに持ちかえて、2のボウルのふちについた生地を取り、混ぜる。

4 3をマドレーヌの型に10個に分けて入れる（七分目が目安）。

5 4の生地の上にアーモンドスライスをちらし、190℃のオーブンで15分焼く。

ポイント

・おからの食物繊維が食べ応えのある
　食感にしてくれます。

ピーナッツバターと紅茶の香りがたまらない

ピーナッツバターのマフィン

カロリー
232kcal 1個分

ロカボ糖質
11.7g 1個分

材料 （マフィンカップ6個分）

無塩バター	50g
ピーナッツバター	25g
ラカントS	50g
溶き卵	2個分
牛乳	80ml
A 低糖質お菓子用ミックス	120g
大豆粉	20g
薄力粉	20g
ベーキングパウダー	7g
紅茶パウダー	小さじ1
アーモンドスライス	13g

準備

・バター、ピーナッツバター、卵は室温にしておく。
・Aを合わせてふるっておく。
・オーブンを170℃に予熱する。

作り方

1 ボウルにバターとピーナッツバターを入れ、ハンドミキサーで混ぜる。

2 そこにラカントSを2回に分けて加え、ふんわり白っぽくなるまで混ぜる。

3 さらに溶き卵を少しずつ入れ、ハンドミキサーでよく混ぜる。

4 そこに牛乳の半量を加え、ゴムべらでさっくり混ぜたらAの半量を入れて切るように混ぜる。

5 4に残りの牛乳を加えて混ぜ、残りのAとアーモンドスライス10gを加えてさっくり混ぜる。

6 マフィン用の紙型に5を均等に入れ、アーモンドスライスをトッピングする。

7 170℃のオーブンで25~30分焼く。

ヨーグルトに添えて楽しんで

グラノーラ

カロリー
890kcal

ロカボ糖質
18.4g

材料 （約150g分）

スライスアーモンド	50g
ピーカンナッツ	50g
シードミックス	35g
ラカントS	12g
卵白	10g
A ┌ シナモンパウダー	少々
└ 塩	少々
B ┌ ココナッツオイル	8g
│ バニラエッセンス	少々
└ ラカントSシロップ	12g

準備

・ココナッツオイルを溶かしておく。

・Bを合わせておく。

・オーブンを120℃に予熱しておく。

作り方

1 フードプロセッサーでアーモンドスライスとピーカンナッツを粉砕し、粉状にする。

2 Aとシードミックスを加え、軽く混ぜる。

3 ボウルに卵白を入れ、ハンドミキサーで角が立つくらいまで泡立てる。

4 2を③のボウルに出し、ゴムべらで混ぜる。

5 4の生地にBを入れ、切るように混ぜる。

6 5をクッキングシートを敷いた天板に薄く広げ、120℃のオーブンで1時間焼きそのまま一晩冷ます。

ポイント

・卵白のメレンゲをしっかり泡立てること。

忙しいときのおやつにどうぞ

ロカボナッツバー

カロリー
212kcal 1本分

ロカボ糖質
4.1g 1本分

材料 （24 × 15cm 12 本分）

ミックスナッツ……………………… 250g
（クルミ・アーモンド・カシューナッツ）
カボチャの種……………………… 30g
オートミール……………………… 40g
卵白……………………………… 1 個
アーモンドバター…………… 大さじ 2
ラカント S …………………… 大さじ 2
86% チョコレート………………… 30g
86% チョコレート（ディップ用）… 45g
ローストカカオニブ……………… 10g
バニラエッセンス……………… 少々

準備

・厚紙で型（24 × 15 ×高さ 2cm）を作る。
・チョコレートは刻んでチョコチップにする。
・ディップ用のチョコレートは、湯前で溶かす。
・卵白は泡立てておく。
・アーモンドバターは室温にしておく。
・オーブンは180℃に予熱しておく。

作り方

1 フードプロセッサーでナッツを粉砕し、カボチャの種も加えて砕く。

2 1をボウルに移し、チョコチップ、オートミール、ラカントS、泡立てた卵白、アーモンドバター、ローストカカオニブ、バニラエッセンスを加え、全部がくっつくまで手にゴム手袋をして混ぜる。

3 型にクッキングシートを敷き、2を入れ、隅までしっかりと手で押さえる。

4 180℃のオーブンで20分、表面が茶色になるまで焼く。

5 焼いたナッツバーが完全に冷めたら、12等分にカットする。

6 カットしたナッツバーの片方だけをディップ用のチョコレートに浸し、立てておく。チョコレートが手につかなくなったら出来上がり。

ポイント

・市販のバーのようにマシュマロなどを使用していない、低糖質のナッツバーです。

チーズの風味が効いたおつまみ系スナック

チーズクラッカー

カロリー
530kcal

ロカボ糖質
7.1g

材料 （約80g）

モッツァレラチーズ（スライス）…50g
アーモンドパウダー……………… 50g
粉チーズ………………………… 7g

準備

・オーブンを200℃に予熱しておく。

作り方

1 モッツァレラチーズを湯煎で溶かしたらアーモンドパウダーを加え、ゴムべらで混ぜる。かたまりになってきたら、手でひとまとめにする。

2 1の生地をクッキングシートの上に出し、ラップを被せて麺棒で2〜3mmの薄さに広げる。

3 一度ラップを取り、粉チーズを全体にふりかけ、ラップを再度被せて麺棒を転がし押しつける。

4 生地を好みの大きさにパイカッターで切り、200℃のオーブンで8分焼く。

5 焼き上がったら天板をオーブンから出し、そのまま冷やす。

ポイント

・生地が硬くなり伸びにくくなるので、粉チーズは生地に混ぜ込まないでください。

・焼き上がったら、お好みのドライハーブをふりかけて、アレンジを楽しんでみて。

・モッツァレラチーズは森永乳業の「クラフト ワールドセレクト モッツァレラスライス」がおすすめ。

本書で使用した型・道具

シフォンケーキ型…17cmを使用。
丸セルクル…15cmを使用。
四角セルクル…18cm角を使用。
*底のないセルクルはムースなどに適しており、スポンジを焼くときは、底のある
ケーキ型を使用。

シフォンケーキ型

丸セルクル

四角セルクル

パウンドケーキ型
マスカルポーネとナッツのパウンドケーキ（P104）でサイズ(60×140×H45mm)
を使用。
アップルシナモンパウンドケーキ（P106）でサイズ(160×80×H60mm)を使用。
チーズブラウニー（P108）でサイズ(210×80×H60mm)を使用。
タルト型…サイズ18cm（底16cm）丸型。底が取れるものを使用。
瀬戸内レモンタルト（P44）で245×100mm四角型を使用（底が取れるもの）。

パウンド型

タルト型

パイカッター…チーズクラッカー（P134）で使用。ピザカッターで代用可。
サントノーレ口金…発酵抹茶シェイク（P56）で使用。

パイカッター

サントノーレ絞り口

マフィン型

マドレーヌ型

流し缶

アイスクリームサークル

マフィン型（6個取り）、マドレーヌ型（12個取り）は富澤商店で購入可能。

流し缶…サイズ(170×140×H50mm)仕切りがとれるものを使用。

アイスクリームサークル(シリコン製)…サイズ(210×140×H99mm)を使用。

その他

アイスクリームディッシャー…直径5cm容量約35cc(#18)を使用。

星型の口金…デコレーションの口金のこと。

クラフトカップ…ココアカップケーキ（P101）で直径5cm高さ5cmを使用。

グラシン紙…アップルシナモンマフィン&無花果とブルーチーズのマフィン（P102）で使用。グラシンケースのこと。サイズ直径4.5cm高さ3.5cmを使用。

紙型マフィンカップ…ピーナッツバターのマフィン（P128）で直径5.5cm高さ5cmを使用。

カード…ドレッジカード、またはスケッパーのこと。パンの分割やタルトの材料を合わせたり、ケーキ生地の表面を平らにならすときに使用。

スパテラ…パレットナイフのこと。

レシピ作りに協力してくれた
一般社団法人糖質オフスタイル協会の
認定講師たち

（左から）青木能理子、枡田道子、橋本淑恵、安田洋子（代表理事）、上野絹代、
岩本由美子（パンレシピ担当）

柴田さやか
（発酵レシピ担当）

あとがき

　新型コロナウイルス感染症の影響で、お料理やお菓子の教室がすべてリモートになりました。パソコンの画面をとおして作り方を見るだけでは食べる楽しみが得られず、リアルなレッスンには及びません。参加してくださる生徒さんも減っていきましたが、今までリアル開催では出会えない地域のお客様との出会いもありました。

　そこから、レッスンに来られない生徒さんだけではなく、全国のみなさまに私たちの糖質オフのレシピをお届けしよう、生活習慣病の予防にもなる「糖質オフ」を一人でも多くの方にお伝えしようと、今回のレシピ本制作プロジェクトが立ち上がったのです。

　7年間のレッスンの中から、おいしいと人気が高かったものからの抜粋と、認定講師6名（岩本由美子、青木能理子、上野絹代、柴田さやか、橋本淑恵、枡田道子）の協力で新たなレシピを書き下ろし、1冊の本が完成しました。

　糖質オフのお菓子はおいしくないと思っている方に、「糖質オフって、おいしい！」と思っていただける厳選のレシピです。本書を参考にぜひ作ってみてください。そして、糖質オフのおいしさを実感してください。

　「人生100年時代」といわれるようになった昨今、糖の摂り過ぎによる生活習慣病を予防するためにも、糖質をコントロールする知恵をみなさんにもってほしい。

　（一社）糖質オフスタイル協会では、糖質オフのレシピだけではなく、糖質オフの知識を得るためにアドバイザー検定やインストラクター検定を開催しています。本書をきっかけに糖質オフについて学びたいと考えてくださった方は、ぜひ講座に参加してください。

　最後に、本書を出版するにあたり、ご協力頂いた認定講師のみなさま、カメラマンの佐藤朗さま、スタイリストの小坂桂さま、出版社のみなさま、いつも応援して下さっているみなさまに、心から感謝いたします。

2021年4月
一般社団法人 糖質オフスタイル協会 代表理事
安田洋子

Profile

一般社団法人 糖質オフスタイル協会 代表理事

安田洋子（Yoko Yasuda）

香川県出身。四国調理師専門学校（現・キッス調理技術専門学校）卒業。
全面多層構造鍋のデモンストレーションを通じて、料理を教え始める。
その後、お菓子作りを極めるため、ル・コルドンブルーに進むが、大量の砂糖を使うことに疑問をもち、初級課程修了後は、マクロビオティックのリマ・クッキングスクールへ進学し、師範科を卒業。

料理・お菓子の教室を主催する中で、糖尿病患者を家族にもつ生徒からの「糖尿病でも楽しめる料理やスイーツを」との声をきっかけに、糖質オフを研究。そこで、自身が健康を維持しながら痩せていった経験から、おいしい食事を楽しみながら、健康になれることを実感。

2015年、不規則な生活や食生活の乱れで3分の2の人々が生活習慣病といわれている現代の日本人に、若々しく、元気であり続けるための食事を提案する「糖質オフスタイルcooking」をスタート。
3000名以上の方に糖質オフを伝えることで、人々を健康へと導いてきた。

一般社団法人
糖質オフスタイル協会

この本の使い方

・小さじ1は5ml、大さじ1は15mlです。
・生クリームは脂肪分36％を使用。
・ココアパウダーは無糖カカオパウダーを使用。
・アーモンドミルクは砂糖が入っていないものを使用。
・86％チョコレートはカカオ86％のチョコレートです。
・オーブンの温度や焼き時間は、機種や使用年数、使用している熱源により異なります。レシピの表記を目安に、様子を見ながらご自身で調節してください。

ロカボ糖質とは…
　本書で使用したラカントＳは、栄養成分表示では100g中糖質99.8gとありますが、主成分はエリスリトールでカロリーゼロなので血糖値を上昇させないという特長があります。
　エリスリトールは体内に吸収されても代謝されずに尿として排出されるので、結果、摂取していないのと同じ状態ということになります。
　上記をふまえて、ラカントＳやあまみちゃんの糖質を差し引いた糖質量を「ロカボ糖質量」として表記しています。
　また、カロリーが砂糖の1/2で血糖値上昇も穏やかなマービーの場合は、糖質量の1/2で算出しています。

注意点
　甘味料の甘さが炭水化物への欲求を誘発することがあります。食べ過ぎないようご注意ください。また、糖尿病治療中の方は、血糖値を下げすぎる危険性もあるため、主治医の先生とご相談ください。

砂糖ゼロでもおいしい！
糖質オフの幸せスイーツ

2021年7月12日　初版第2刷

著　者	一般社団法人 糖質オフスタイル協会 代表理事　安田洋子
発行人	松崎義行
発　行	みらいパブリッシング

〒166-0003 東京都杉並区高円寺南4-26-12 福丸ビル6F
TEL 03-5913-8611　FAX 03-5913-8011
HP https://miraipub.jp　MAIL info@miraipub.jp

撮　影	佐藤朗(株式会社フェリカスピコ)、藤井照仁(藤井写真館)
スタイリング	小坂桂
執筆協力	オフィス・カラダージュ、鈴木恵理
イラスト	宮本未来
料理アシスタント	(一社)糖質オフスタイル協会認定講師・岩本由美子、青木能理子、上野絹代
協　力	管理栄養士・(一社)糖質オフスタイル協会認定講師・吉野実峰
編　集	花里京子
ブックデザイン	洪十六
発　売	星雲社 (共同出版社・流通責任出版社)

〒112-0005 東京都文京区水道1-3-30
TEL 03-3868-3275　FAX 03-3868-6588

印刷・製本	株式会社上野印刷所

©Yoko Yasuda 2021 Printed in Japan
ISBN978-4-434-28934-7 C2077